育人育心
陪伴成长

初中体验式活动课
在班级工作中的实践应用

李莹 著

上海教育出版社
SHANGHAI EDUCATIONAL
PUBLISHING HOUSE

图书在版编目（CIP）数据

育人育心　陪伴成长：初中体验式活动课在班级工作中的实践应用 / 李莹著. — 上海：上海教育出版社，2025.5. —（虹口·海派教育名师丛书）. — ISBN 978-7-5720-3425-1

Ⅰ. G635.16

中国国家版本馆CIP数据核字第2025N20G55号

责任编辑　张璟雯

美术编辑　观止堂_未氓

育人育心　陪伴成长：初中体验式活动课在班级工作中的实践应用
李　莹著

出版发行　上海教育出版社有限公司
官　　网　www.seph.com.cn
地　　址　上海市闵行区号景路159弄C座
邮　　编　201101
印　　刷　上海普顺印刷包装有限公司
开　　本　700×1000　1/16　印张 12.75
字　　数　125千字
版　　次　2025年5月第1版
印　　次　2025年5月第1次印刷
书　　号　ISBN 978-7-5720-3425-1/G·3060
定　　价　72.00元

如发现质量问题，读者可向本社调换　电话：021-64373213

"虹口·海派教育名师"
丛书编委会

序　言

德国哲学家雅斯贝尔斯在《什么是教育》中说："教育是人的灵魂的教育，而非理智知识和认识的堆积。教育的本质意味着一棵树摇动另一棵树，一朵云推动另一朵云，一个灵魂唤醒另一个灵魂。"班主任就是那棵树、那朵云、那个灵魂。怎样才能摇动一棵树而不伤及树根与树叶，怎样才能推动一朵云而不破坏云朵的体态与轻盈，怎样才能唤醒一个灵魂而不让灵魂丧失思考与独立的能力？这真是一个育人难题啊！

社会的快速发展、信息技术的普及、人工智能的横空出世，使青少年的成长环境变得日益复杂，尤其是正经历着青春期的初中学生，他们面临着真假难辨的信息世界、多元文化的社会生活、矛盾冲突的价值选择。但是目前，许多班主任的建班育人工作，还是以说服、劝导等单向输入的模式为主，忽略了学生对班集体荣誉感、同学友情等核心要素的切身体悟过程，难以帮助学生真正领悟班集体建设的意义与价值，从而发自内心地对班级产生热爱之情、拥护之行。因此，寻找一种适合新时代青少年成长的班主任工作模式，已然成为当下班主任工作的一项重要命题。

初中体验式活动课便是近年来我们在建班育人过程中探索、总结、凝练的实践应用新模式，即教师根据学生的需求和存在的问题，创设真实活动情境，引导学生亲身参与、体会、思考、感悟，把外部的要求转化为自我认知和自我认同，并能将这些知识和感悟应用于日常生活和学习中。

传统的班级活动在方式上比较注重学生行为习惯的养成，教师偏向于思想观念的说教，较少研究品德内化过程的规律。而学生品德的形成过程不仅是一种知、情、意、行协同发展的过程，也是"感知—体验—反思—导行"的过程。班级活动方式会直接影响学生品德的内化过程及其效果。因此，体验式活动课相较于传统班级活动形式更生动活泼、更受学生欢迎，是一种更符合学生品德形成规律的班级活动方式。

班级活动的组织设计能力是班主任必须具备的核心素养之一。《中小学德育工作指南》在德育实施途径和要求中提出，活动育人要精心设计、组织开展主题明确、内容丰富、形式多样、吸引力强的教育活动，以鲜明、正确的价值导向引导学生，以积极向上的力量激励学生，促进学生形成良好的思想品德和行为习惯。

本书将介绍班级活动的一种新形式——体验式活动课，系统阐述体验活动课的相关理论、设计思路、实施方法,并辅以翔实案例,旨在为广大班主任,尤其是新上岗的班主任提供一种解决问题的新思路、新方式,这也是本书的价值所在。

全书共分五章,以班主任经常会遇到的班级工作乱象或问题为引,系统地介绍了开展体验式活动课的全过程。围绕班级工作案例,指出初中生会产生的问题,提供问题解决的思路和方法,并配以体验式活动课系列实践方案参考。第一章回答了体验式活动课"是什么"和"为什么"的问题,主要分析了新手班主任在班级建设中遇到的困惑及原因,简要说明了初中体验式活动课对解决班主任困惑的应用价值。第二章主要讨论了初中体验式活动课的功能与定位、设计原则、设计过程、设计要素、设计策略等内容。第三章回答了体验式活动课"怎么做"的问题,主要讨论了体验式活动课的实施原则、教育内容和主要教学环节,提供了具体的实施建议。第四章介绍了体验式活动课的教学技巧及相关问题的具体解决思路与方法。第五章提供了初中(五四学制)四个年级不同主题的体验式活动课应用案例,以供参考。

本书是基于作者二十多年班主任工作的实践经验,结合体验式活动的理论,经过大量文献研究和行动研究,形成的体验式活动课的理论和操作指南。本书的读者对象既包括中小学教师(包括班主任)、学校管理者、教育研究者,也包括学生和家长。对于教师而言,本书提供了实用的教学策略和活动设计,可以帮助他们在班级管理和教学实践中更有效地促进学生的发展；对于学校管理者而言，本书的理念和方法可以指导他们构建更加人性化、富有活力的教育环境；对于教育研究者，本书提供了新的研究视角和实践案例，可以激发他们在教育领域进一步探索。对于家长和学生，本书则提供了了解体验式学习的机会，帮助他们更好地理解和参与体验式活动课。

李莹老师作为一位长期在初中负责班主任工作的一线教师，是上海市第三期、第五期、第六期班主任工作室带头人，通过长期坚持体验式活动课的实践与探索，为学生提供了一个丰富、多元的学习平台，帮助他们成长为具有创新精神和社会责任感的公民。感谢李莹老师和她的团队一起探索了一条教育的新路径，陪伴孩子们健康成长。

汤国红

上海市虹口区教育学院党总支书记

2024 年 11 月

目　录

第一章

初中体验式活动课的内涵及价值

班级,作为初中学生校园生活的核心场所,承载着他们成长与发展的重要使命。班主任则扮演着班集体的精心设计者与积极建设者的关键角色。班级工作看似平凡无奇,实则蕴含着深刻的教育智慧与挑战;虽显烦琐,却绝非枯燥乏味。探寻班集体的发展规律,掌握有效的班级建设策略,是一名合格班主任不可或缺的职业素养。

目前,传统的批评教育与说服教育难以奏效,班主任究竟应当采用何种教育方式,才能促使学生从内心深处真正认同班主任的教育引导,心悦诚服地遵守班级规章制度呢?这无疑是每一位班主任,尤其是缺乏经验的新手班主任,需要深入思考并着力探索的重要课题。而体验式活动课这一创新的教育模式,以其独特的育人魅力与价值,为初中班级管理工作注入了新的活力与希望,有助于班主任更好地引导学生在体验中感悟成长,在实践中塑造良好的品德与行为习惯,从而推动班集体向着积极健康、和谐有序的方向蓬勃发展。

第一节　体验式活动课的定义阐释

一、体验的内涵解析

依据《现代汉语词典》的释义,"体验"乃是通过亲身实践去认知周遭事物,强调亲身经历这一核心要素。进一步剖析,其具备以下显著属性:体验的主体必然为人,人通过实践或真实经历的方式去探索世界,其目的在于认识事物的本质或验证某种假设,其范围通常涵盖身边的人、事、物。综上所述,体验蕴含着多层面的重要意义。

首先,体验构成了人类认知的基础。孔子曾言:"吾听吾忘,吾见吾记,吾做吾悟。"明代王阳明在《传习录》中亦提及:"皆是就文义上解释牵附,以求混融凑泊,而不曾就自己实工夫上体验。"这些经典论述有力地彰显了体验在人类认识世界进程中的关键地位,它是人们获取知识、理解世界的重要途径。

其次,体验建立在不同个体独特的经验基础之上,因此具有鲜明的个体差异。鲁迅在《花边文学·看书琐记》中指出,"文学虽然有普遍性,但因读者的体验的不同而有变化,读者倘没有类似的体验,它也就失去了效力"。正如"一千个读者心中有一千个哈姆雷特",不同个体由于自身经历、背景与思维方式的差异,在面对相同事物时所产生的体验会截然不同,进而导致体验效果呈现出显著的因人而异的特征。

再次,体验是个体获取信息的关键渠道之一。在英语语境中,"体验"(erlebnis)一词的根源为拉丁词"experior",意为去证明(to prove)或去验证(to test),主要指代从感觉而非单纯推理所获取的信息。19世纪末20世纪初,该词得以广泛应用。德国哲学家狄尔泰率先从哲学维度提出"体验"的概念,即将其视作生命存在的方式以及一种内在的感悟。他认为体验能够使主体站在客体的视角,更为真切地获取关于客体的信息。自狄尔泰之后,"体验"一词逐渐在哲学、心理学、美学等领域成为常用词。20 世纪 70 年代,莱考夫等人进一步发展了体验哲学,提出人类的范畴、概念、推理与语言均源自与客观外界的互动体验及认知加工过程。[①]

最后,体验表现为个体的实践或真实经历。它不仅是一种重要的生活方式,更是学生学习概念、掌握技能的核心学习方式。例如,教练分别教授两组学生游泳技巧,第一组学生仅通过教材、图片或视频学习游泳知识,那么他们即便在书面考试中取得满分,也难以真正掌握游泳技能;而第二组学生在游泳池边跟随教练学习技巧,在水中进行游泳实践练习,不久便熟练掌握游泳技能。造成这种差异的原因在于,第一组学生只学习了游泳相关的理论知识,缺乏在游泳池中的真实体验;第二组学生则经历了游泳的过程,有充分的亲身体验。由此可见,仅有理论知识无法掌握游泳技能,唯有通过亲身体验与实践才能真正实现技能掌握。

体验既是人类的基本生存方式,也是人类不懈追求生命意义的重要途径,甚至可以说,教育过程本质上就是一种体验的传递与深化。

二、体验教育的要义解读

体验的重要性不言而喻,那么体验教育的基本要义是什么?提及体验教育,必然涉及"体"与"验"这两个核心要素。其中,"体"着重

---

① 黄衍.体验式教育的原理与应用研究[D].上海:上海师范大学,2014.

强调亲身经历的具身实践过程,是个体与外界直接互动的行为表现;
"验"则侧重于突出验证、感悟与思考的思维活动过程,是个体在经历
基础上对所获取信息的深度加工与内化。"体"与"验"二者相互关联、
相辅相成,构成辩证统一的有机整体。具体而言,"体"作为一种活动
过程,构成了"验"的坚实基础;而"验"则是"体"的必然结果与目标导
向,这也就意味着学生必须亲身参与到特定的场景或事件之中,只有
通过亲身经历,学生才能够获得相应的认知提升、技能掌握、态度塑
造以及情感共鸣。

体验教育与传统教育模式存在着根本性的差异。体验教育高度
强调学生的亲身经历,强调学生应通过获取直接经验或强烈的情绪
感受,产生价值认同;而传统教育模式侧重于教师的讲授与训导过
程,学生处于被动接受的地位,仅能获得间接经验,缺乏情感参与,难
以形成深刻的价值认同。因此,相较于传统教育模式,体验教育有助
于学生在认知生成的同时收获情感支撑,从而使学习效果更为显著、
持久。

国内外学术界对于体验教育的界定呈现多元性特征。美国体
验教育学会将体验教育定义为一种教育哲学和方法论,在这种哲学
和方法论的指导下,教育者有目的地把学生置于直接经验和专心反
思中使其增长知识、发展技能和澄清价值。国内学者李放滔认为,
"体验教育就是学校组织和引导学生亲身参加实践,从而使他们把
做人做事的思想道德规范内化为健康心理品格,转化为良好行为习

惯的过程"①。舒志定则提出,"重视体验教育,实质是关注学生在日常生活中形成意向结构,让学生意识到与周围世界交往活动的方式、向度和敏感性,使学生自觉体验日常生活世界,感悟生命活动,反思人活在世上的意义,关注人与周围世界的和谐,实现人的主体性"②。

综合各方观点,可以明确,体验教育是以学生为中心,借助情境创设、实践活动、反思总结等环节,助力学生构建全新知识体系、掌握实用技能、塑造积极态度以及培育丰富情感的一种教育方式,其形式丰富多样,涉及社会实践、生产实践、科学实验等诸多领域。

在班主任的建班育人工作中,依据德育目标以及学生心理、生理需求精心设计活动,引导学生在真实的活动情境中充分参与、深刻感悟,通过反思体验实现内化于心,进而激发学生道德情感,培育其道德意识,使其养成良好的道德品质,此即为体验教育在班级管理与学生成长过程中的生动实践体现。

三、体验式活动课的内涵明晰

马克思主义教育观认为,教育的本质在于促进人的全面发展。从这一视角出发,教育可被理解为将人类长期积累的生产与社会生活经验逐步内化为受教育者个体的智慧、才能与品德素养的复杂过

---

① 李放滔.对体验教育的认识[J].教育导刊,2004(08).
② 舒志定.教育哲学引论[M].北京:中国社会出版社,2007.

程。这一内化过程具有高度的复杂性,既无法依靠强制手段达成,也不可能一蹴而就,需要个体在实践与体验中逐步感悟、吸收与转化。正如毛泽东主席在《实践论》中所阐述的:"你要有知识,你就得参加变革现实的实践。你要知道梨子的滋味,你就得变革梨子,亲口吃一吃。你要知道原子的组织同性质,你就得实行物理学和化学的实验,变革原子的情况。你要知道革命的理论和方法,你就得参加革命。一切真知都是从直接经验发源的。"此论述深刻揭示了实践与体验在知识获取与个人成长过程中的基础性与决定性作用。

那么,究竟何为体验式活动课呢?针对初二学生因学业压力增大而普遍出现的畏难心理和面对未知事物时的退缩倾向,班主任特别设计了一节以"挑战不可能"为主题的体验式活动课"食指的力量"。以此活动为例,说明体验式活动课的含义,展示如何通过创设循序渐进的挑战情境,帮助学生突破心理舒适区,培养成长型思维,从而提升其面对未知挑战时的心理韧性和问题解决能力。

初二的某节活动课上,教室里弥漫着一股好奇与期待的气息。班主任站在讲台上,抛出了一个匪夷所思的问题:"同学们,你们觉得一根食指能不能抬起一个130斤的人?"话音刚落,教室里就"炸开了锅",学生们纷纷摇头,异口同声地喊道:"不可能!"班主任见状,嘴角勾起一抹神秘的微笑,接着问道:"那么,如果我们一组12个同学,每人用一根食指,能不能将这个人抬起来呢?"这下,学生们面面相觑,心里虽然充满了疑惑,但嘴上还是犹豫地说:"那也不行吧?!"

班主任没有急于给出答案,而是带着鼓励的眼神说:"来,我们先别急着下结论,实践是检验真理的唯一标准,一起试试看吧!"说着,他指示一位学生平躺在垫子上,然后让其他 12 名学生围成一圈,各自伸出一根食指,小心翼翼地放在那位同学生身下。随着班主任老师一声响亮的口令:"1、2、3,抬!"奇迹发生了,130 斤的人竟然被稳稳地抬了起来!刹那间,教室里爆发出雷鸣般的欢呼声。

当学生们的激动心情渐渐平静下来后,班主任趁热打铁,提出了一个问题:"之前大家都觉得不可能,现在发现能做到,你们有什么感想呢?"学生们纷纷举手,争先恐后地分享自己的体会。有的学生激动地说:"我觉得真的要勇于尝试,不试怎么知道行不行呢!"有的学生则满脸自豪地表示:"我好有成就感,感觉自己好厉害!"还有的学生若有所思地说:"其实还是要讲究方法的,不能瞎使劲。"更有学生深有体会道:"人多力量大,团队的力量真的是无穷的。"

紧接着,班主任又抛出了一个新的挑战:"那如果是 140 斤的人,大家觉得有没有可能呢?"这次学生们没有丝毫犹豫,齐声高呼:"我们能!"他们的眼中闪烁着坚定的光芒,跃跃欲试,仿佛已经迫不及待地想要再次证明自己的力量了。

无论这次尝试的结果如何,学生们都已经通过之前的亲身体验,深刻体会到了勇于尝试的重要性,而这正是体验式活动课独有的魅力和价值所在。

从上述案例可以看出,体验式活动课是指教师紧密围绕学生的实际需求以及班级中存在的问题,在设定的情景或特定的环境条件下,以提高学生能力和素质为主要目的,以实验、游戏、竞赛、手工制作等活动为主要形式,以团队学习为组织形式,引导学生全身心参与,使学生用心体会、深入思考、深刻感悟,将体验化为理论,并迁移到日常学习生活中的一种育人形式。

体验式活动课实质上是体验式教育理念在学校教育教学实践中的一种具体应用模式,具有广泛的适用性。班主任在班级建设与育人工作中可以灵活选取这种活动课教育模式,以应对班级建设过程中所面临的各种问题或困难。班主任借助体验式活动课,能够充分激发学生内心深处的强烈感受与情感共鸣,引导他们持续深入地思考与体悟,进而培育其班级认同感和荣誉感,为班级建设目标的顺利达成奠定坚实基础。

第二节　体验式活动课的教育理论基础

一、建构主义理论

建构主义作为一种跨学科的复杂体系,其思想可追溯至康德的哲学革命。康德提出的"对象必须与认识相符"从根本上揭示了认识的双向建构本质,即主体在认识客观世界的过程中同步构建自我认知,这种动态互动过程构成了建构主义的理论基石。19世纪末,该理论被引入心理学领域并形成系统化发展,逐渐衍生出三大流派:强调个体认知结构的认知建构主义、注重社会交互作用的社会建构主义以及主张知识完全主观性的激进建构主义。

(一) 认知建构主义

认知建构主义主要关注个体如何通过认知过程建构知识。认知建构主义以皮亚杰为代表。皮亚杰认为,结构在建构中形成,平衡是促进认知变化的机制,包括同化与顺应两个过程。同化是指个体将感受到的刺激纳入原有图式的过程。同化过程会产生新旧经验的冲突,这时就需要顺应,以保持有机体机能的平衡。顺应就是有机体通过调节自己的内部结构以适应特定的环境刺激的过程,它包括反思、整合,以达到对自我与客体的双重建构,从而使我们能够根据相关的认知平衡发挥作用。同化与顺应是个体认知发展的两个彼此相连的主要过程,同化是量变过程,引发图式的生长,主要指个体对环境的作用;顺应是质变过程,引发图式的发展,主要指环境对个体的作用。同化与顺应的平衡是动态的过程,不是先同化,再冲突,然后顺应的序列过程,而是不断升级的平衡、适应和组织的过程。1936年,皮亚杰将同化、顺应的理论进一步发展为内化与外化的双向建构思想。根据皮亚杰的观点,儿童关于现实的概念不是一种"发现",而是一种"发明"。这意味着"概念"既不预成于内,也不预成于外,儿童必须自己去构造"概念"。知识既非来自主体,也非来自客体,而是在主体与客体之间的相互作用过程中建构起来的。一方面,新经验要获得意义需要以原有的经验为基础;另一方面,新经验的进入又会使原有的经验发生一定的改变,使它得到丰富、调整或改造,这就是双向的建构过程①。例如,当学生的活动体验现象和结果同化到已有的知识框架中,与原来认为不可能的想法产生矛盾,就会出现体验结果与预期不符的认知冲突,需要通过顺应调整自己的认知结构,从而形成新的概念或理论。

(二) 社会建构主义

社会建构主义以维果茨基的理论为代表,强调社会互动和文化背景在知识建构中的作用。社会建构主义派认为,知识的基础是语言,而语言则是一种社会的建构。人类知识在确定和判断某一领域真理时起着关键作用。知识的建构是一个循环过程,个人的主观知识经过人际交往的社会过程(如他人的审视和评判),通过发表转化为他人可接受的客观知识。而就个人主观知识的本质而言,它是内化后再建构的。例如,在体验式活动课的小组合作项目中,语言是重要的精神生产工具,学生们可以采用角色扮演的形式,通过对话、讨论等语言交流活动,共同构建对历史知识的认知,并且在与他人的交

① 温彭年,贾国英.建构主义理论与教学改革——建构主义学习理论综述[J].教育理论与实践,2002(05).

往中不断调整和丰富自己的认知结构,同时也促进了高级心理机能如合作能力、表达能力的发展。

(三) 激进建构主义

激进建构主义认为知识是学习者通过个人经验主动建构的,强调个体的主观性和相对性。激进建构主义是在皮亚杰思想基础上发展起来的建构主义。激进建构主义观点代表人冯·格拉塞斯费尔德认为,所有知识都是在个体与经验世界的对话中建构起来的,强调个体的主观性和知识的相对性。例如,如果教师在体验式活动课上请学生用报纸搭建一座"塔",那么学生就会根据自己的生活经验和审美感受创作"塔"。每个学生对"塔"的理解和表现方式都不同,他们以自己的认知过程为基础,构建出独一无二的"塔",而"塔"则反映出其主观的、建构的知识。然而,这种建构主义对学习社会性重视不足的局限性也提醒教育者,在体验式活动课中要注重引导学生在个人建构的同时加强社会互动与交流。

二、具身认知理论

认知学派长期主导学习理论,而具身理论作为第二代认知科学的核心突破,通过重构"身体—认知—环境"的三维互动关系,不仅推动了教育教学的范式革新,更赋予班主任工作全新的实践维度——

从知识传递者转向具身化情境的设计师。

受西方文化身心二元论影响,教育者大多相信教育是心智能力的培养和训练。虽然教育需要"身体力行",但对身体的理解从没有超出"载体"隐喻。教育与教学是为了促进学生认知发展,而认知发展依赖的是大脑和心智所创造的概念、范畴、规则、字词、句法等抽象符号。身心二元论者认为教育与教学是一种促进心智发展的"高级过程",同身体欲望、感觉—运动系统等"低级过程"无关,有时甚至是一种对立关系。如柏拉图认为身体对于学习不仅不能发挥任何积极作用,反而成为美德和知识的绊脚石,身体是一种障碍,甚至是一种罪恶,因为身体里充满着色欲、情欲、食欲、肉欲、贪欲等。进入人类精神文明的断层——中世纪以后,在"身体原罪"的宗教教义面前,身体不但受到贬抑,而且遭受压制和打击。17 世纪法国哲学家笛卡尔为反对宗教权威、弘扬理性思维,提出了"我思故我在"的著名命题。笛卡尔崇尚理性,因为理性思维让人类获得真理,而漠视身体,认为身体感官让人类陷入歧途。

英国经验主义哲学家洛克对笛卡尔的理性主义提出疑问。洛克从"一切知识来源于经验"的命题出发,主张人类所有的观念既非来源于神的旨意,亦非来源于理性思维。人类所有的观念都来源于身体感官获得的经验。心智如同一块白板,通过感官获得的经验在心智的白板上留下各种印记。当代具身认知思潮的基本主张之一就是主张心智由各种身体经验构成。心智基于身体、源于身体。洛克的经验论可以说是这一思想的先驱。

在 20 世纪的哲学与思想领域中,莫里斯·梅洛-庞蒂无疑是一位举足轻重的人物,他提出了将身体视为学习主体的理念,并强调了身体对心智塑造的重要作用。在其著作《知觉现象学》中,他以"肉身化的主体"这一创新概念,取代了传统哲学中"意识主体"的地位,明确指出知觉的真正主体乃是身体。身体作为知觉与学习的指挥中枢和执行者的观点,颠覆了以往认为客观世界的知觉是外部世界在内部心理中的表征的传统观念。

具身认知已经从哲学思辨走向实证探讨,许多认知心理学家开始从具身视角看待认知过程,许多实验也支持了具身认知的基础假设。1966 年,意大利帕尔马大学神经科学中心研究团队在恒河猴的大脑运动皮层中发现了一类特殊的神经元,他们将其命名为镜像神经元。通过对实验结果的相关数据进行深入分析,研究团队提出了一项有力假设:个体能通过对自己与外界环境的交互行为过程以及体验结果来理解他人的相应行为;仅仅通过观察他人行为,也能激活个体执行相同行为的神经基质。这一发现揭示了人类行为的一个显著特点,即认知的具身性,即人们是依托自己的身体感受来认识和理解周围世界的。

研究人员认为,具身认知具有三个特征。首先是认知的涉身性,即认知不能脱离具体身体,认知依赖于有机体的物理性。例如感知过程中身体的肌肉状态、身体感受状态。其次是认知的体验性。我们的认知、我们对世界的观点来自身体与外界环境中事物相互作用所造成的身体状态的改变,即形成主体身体体验。最后是认知的环境嵌入性。环境或情境是保证认知的不可缺少的条件,由认知的体验性可知,认知的内容、认知的过程、认知的方式与身体紧密相关,而身体是处于环境中的身体,因此认知同样应扩展至认知者所处的环境①。具身认知理论对教育教学有重要的指导意义。

(一) 身体的参与有助于学生理解抽象概念

初中阶段的学生正处于从形象概念理解向抽象概念理解过渡的关键时期。对于形象概念的理解,初中生有着鲜明特点,具体表现为理解的具体性强且以视觉思维为主导。所谓具体性强,是指初中生在理解形象概念时,往往聚焦于具体的事物和现象。他们擅长识别并深入理解那些与日常生活紧密相连的具体内容。比如,对于图形、物体、动物等,他们能够清晰地把握其特征。而处于视觉思维阶段的学生,更倾向于借助视觉和感官经验来认识世界。在学习过程中,他们更习惯通过图像、模型以及实际操作来获取知识。以科学课堂为例,学生们通常会借助实验和观察来理解各种现象。

相较于形象概念,初中生对抽象概念的理解尚处于发展阶段。他们开始接触更为复杂的抽象概念,像班集体、人际关系、政治以及

---

① 叶浩生.具身认知的原理与应用[M].北京:商务印书馆,2017.

历史事件的因果关系等。尽管他们的抽象思维能力正在逐步提升，但依旧需要具体实例的辅助才能更好地理解这些概念。随着认知能力的不断增强，初中生在逻辑推理和抽象思维方面的能力也在逐渐增强。然而，当面对高度抽象的概念时，他们可能会感到力不从心，这时就需要教师给予恰当的引导和有力的支持。此外，不同学生在抽象思维能力方面存在着一定的差异。部分学生能够较为轻松地理解抽象概念，而另一部分学生则可能需要投入更多的时间和进行更多的练习。

认知神经心理学的研究证实了概念知识获得的具身特性。依照早期认知主义的理论观点，概念本质上是符号表征，当思维进行时，概念可以被还原为符号（而不是神经）运算。但是意大利帕尔马大学研究人员的实验打破了这个观念。研究人员使用功能磁共振成像手段研究了"抓握"（grasp）概念。他们发现想象中的抓握和实际的抓握动作使用的是同样的神经基质，即被试在做出实际的抓握动作和在想象中做抓握动作时，大脑中枢中的兴奋点是一致的。在头脑中执行抓握的动作实际上是感觉—运动系统的身体体验决定的。

概念知识获得的具身性，提示我们对初中阶段的学生开展体验式活动课的重要目标之一，就是帮助他们理解并认同班级、集体、荣誉感等抽象概念。初中生已经树立了许多行为规范理念和道德观念。他们对世界有自己的想法，追求独立，追求尊重和平等，部分学生甚至有些叛逆。对诸如珍惜时间、绿色环保等抽象概念，仅靠说服教育很难激发学生的道德认同和行为转化。例如，班主任可以开展一次以"惜时理时"为目标的体验式活动课,帮助学生"悟"出时间的重要性和紧迫性,了解和掌握合理分配时间的方法,学会分析自己的时间利用情况,并运用科学的方法分配时间,将其应用于自己的学习与生活。

（二）积极主动的身心体验有助于培养学生对班集体的情感

在常规班队会中,传统的教学方式是以视、听为主,属于纯粹的大脑认知活动。班队会也较少以活动形式开展,学生在班会课上的学习就是简单的信息输出输入和存储的操作过程,身体体验环节很少,甚至完全缺失。传统班会课的这种输入和存储观念忽略了知识的体验性,学生在班级中就像一个接收信息的机器,没有身体反应,没有共鸣,难以让学生体验班集体的快乐。

1980 年,社会心理学家威尔士和培帝做了一个实验。他们要求 73 位学生参加一个关于耳机舒适度的测验。他们告诉学生,这种耳机已经在走路、跳舞、听课等条件下进行了测试,现在要测试的是在水平移动头部（即摇头）和垂直移动头部（即点头）的条件下耳机声音的质量。接下来,这些学生（被试）被随机分成三组,分别为头部水平移动组、垂直移动组和对照组。对照组不需要移动头部,只要简单地听和打分就可以。在随后的测试中,被试首先听到一段音乐,然后是广告商对这款耳机的推荐,最后被试需要完成一份简单的问卷。问卷的第一项内容是给这款耳机打分,第二项内容是回答是否同意广告商的观点。统计结果证明,头部垂直移动即点头组无论是给这款耳机的打分,还是赞同广告商的观点方面,分值都远远高于另外两组,而头部水平移动即摇头组在两个项目的分值上,远远低于其他两组。点头的身体运动增强了积极的态度,而摇头的身体运动强化了消极的态度,实验结果同具身认知的基本假设是一致的。

体验式活动课通过身体参与充分调动学生的积极性,利用播放视频、图片等手段,使其感受情境,将团结、集体、合作等抽象概念转换为学生可感知、可体验的实体,或在其大脑中构建直观形象。学生在这个过程中才能真正理解、参与、进而融入班级集体,激发出对班级的情感。

三、积极心理学理论

积极心理学是心理学领域的一场革命,也是人类社会发展史中的一个新里程碑,是一门从积极的角度研究传统心理学内容的新兴科学。积极心理学的概念最早在 1997 年由马丁·塞利格曼提出,并在 1998 年美国心理学会年会上正式倡议。2000 年,塞利格曼和米哈里·契克森米哈赖发表《积极心理学导论》,标志着积极心理学作为一个研究领域正式形成。它采用科学的原则和方法来研究幸福,倡导心理学的积极取向,以研究人类的积极心理品质,关注人类的健康幸福与和谐发展。积极心理学旨在帮助个体实现更高水平的幸福感、心理健康和个人发展,其内容包括三大主题:积极的主观体验、积极的个人特质、积极的社会组织系统。

积极的主观体验。积极心理学关注个体的幸福感、愉悦感和成就感等主观体验,强调这些积极情感对个体心理健康和幸福的重要性。通过干预措施,帮助个体增加积极情感的体验,建立积极的情绪状态,从而提高生活满意度。

积极的个人特质。积极心理学认为,每个人都有独特的优势和优点。通过发现和发挥这些特质,个体可以实现个人成长和幸福。研究和实践中的方法旨在提升个体的自我意识、自尊和自我实现。

积极的社会组织系统。积极心理学关注家庭、学校、商业机构、社区等社会组织系统对个体幸福和心理健康的影响,认为支持性和积极的社会环境对个体的成长和幸福感至关重要,可以通过建立积极的人际关系、社会支持和组织文化,为个体提供更好的发展机会。

积极情绪是积极心理学的研究领域之一,而拓展—建构理论则是该领域中极具影响力与重要性的理论,由芭芭拉·弗雷德里克森提出。其核心观点包含两个层面。其一,积极情绪(如喜悦、兴趣、自豪、爱等)具备拓展个体当下思维与行动范围的独特作用。与消极情绪不同,消极情绪会让人们的注意力与行为集中在应对特定的威胁或难题上,而积极情绪能够使个体的思维更加开阔、灵活,激发其尝试更多可能性,并采用更为广泛多样的行动方式。例如,当一个人沉浸于喜悦情绪之中时,往往更倾向于涉足一些以往未曾尝试的新鲜事物,像学习一种新乐器、探寻一条陌生小径等,突破常规活动的思维边界,主动追寻更多有趣好玩的体验,进而拓展当下的思维与行动选项。其二,积极情绪不仅能够拓宽人们的思维与行动疆域,还拥有建构资源的关键作用。这里所说的资源涉及多个维度,包括身体资源(如良好的身体机能、较强的免疫力等)、心理资源(如乐观的心境、较高的自我效能感等)、认知资源(如丰富的知识积累、较强的创造力等)以及社会资源(如优质的人际关系网络、充足的社会支持等)。借助持续的积极情绪体验,个体能够逐步积累这些资源,为未来从容应对生活中的各类挑战筑牢根基。以参与志愿活动所产生的自豪情绪为例,多次投身此类活动并收获积极情绪体验后,个体在心理资源层面可能会变得愈发自信且富有成就感,在认知资源方面能够汲取更多有关人际交往、社会服务等领域的知识,同时还可结识志同道合之人,扩充社会资源储备,身体方面亦可能因心情舒畅而拥有良好的健康状况。

为了验证拓展—建构理论,研究者做了一些实验。在部分实验中,研究者通过特定手段诱发被试者产生不同的情绪状态(积极或消极),随后观察他们在一系列任务(如创造力测评、问题解决任务等)中的表现。研究结果表明,处于积极情绪状态下的被试者通常能够提出更多新颖独特的见解,解决问题的思路也更开阔,这为积极情绪的拓展功能提供了有力的实证支持。通过对一些群体进行长期的追踪调研发现,那些在日常生活中积极情绪体验较为丰富的个体,随着时间的推移,在身体健康水平、人际关系品质、职业发展进程等诸多方面都表现得更好,这充分体现了积极情绪对建构资源的长远影响。

教师可充分运用这一理论,在体验式活动课教学中着力营造能激发学生积极情绪的教学情境。在增强自我认知方面,教师帮助学生深入了解自己的性格、优势、价值观、兴趣、爱好等,明确自身的独特之处,从而更好地接纳自我,在生活和工作中充分发挥个人优势。在培养积极情绪方面,教师可以引导学生学会识别、表达和调节自己的情绪,掌握诸如感恩、乐观、希望等积极情绪的培养方法,减少焦虑、抑郁等负面情绪的影响,提升幸福感。在建立良好人际关系方面,通过课程中的互动体验活动,让学生掌握有效的沟通技巧、冲突解决策略以及团队合作方法,增强与他人建立和维护良好关系的能力,提升其社交支持系统的质量。在提升心理韧性与应对能力方面,教师可以帮助学生以积极的心态去面对压力、挫折和困难,并以有效的方式去处理,培养其坚韧不拔的意志品质,增强其对生活变化的适应能力,引导其从挫折中寻找成长的机会。在促进个人成长与幸福感提升方面,教师应鼓励学生树立积极的人生目标,并协助他们制订实现目标的计划和行动步骤,引导学生在追求目标的过程中体验成就感,最终提升其对生活的满意度和整体幸福感。

四、情境学习理论

情境学习理论由让·莱夫与艾蒂安·温格共同提出。该理论突破传统认知框架,主张学习并非封闭的个体认知过程,强调学习者在真实场景中,通过与环境的持续互动及社会协作建构知识体系并发展实践能力。其核心观点是任何知识的形成都根植于具体情境之中,与其应用场域存在着本质关联,即当知识脱离具体实践环境时将失去生命力,沦为抽象符号而难以有效迁移至现实场景。

实践共同体是情境学习理论的关键概念,指由具有共同目标、兴趣和实践活动的人群所组成的团体,成员在其中通过相互交流、合作与分享,共同参与实践活动,实现知识的传承、创新与个体的学习发展。例如,一个传统手工艺作坊中的师傅与学徒们就构成了一个实践共同体,学徒在与师傅共同制作手工艺品的过程中学习技艺、传承文化。

另一个重要概念是合法的边缘性参与,它描述了新手在实践共同体中学习的过程。新手最初以边缘性的身份参与共同体活动,通过观察、模仿、辅助性工作等方式逐渐熟悉实践活动的流程、规范和文化。随着经验的积累,他们不断向实践的中心靠近,参与程度加深,最终成为熟练的参与者。①

情境学习理论应用于体验式活动课有助于提高学生的学习积极性和主动性。学生在真实情境和实践共同体中进行学习能够更清楚地了解知识与技能的实用性和价值,从而更有动力去学习。同时,这

---

① 高文.情境学习与情境认知[J].教育发展研究,2001(08).

种学习方式能够促进学生知识的迁移,增强其应用能力。在真实情境中学习到的知识和技能更容易被学生迁移到实际生活和未来的工作中,因为他们已经在类似的情境中进行了实践和演练。此外,通过在实践共同体中的互动交流,学生的团队协作能力、沟通能力、社会交往能力等也能得到很好的培养,有助于学生的全面发展。

然而,情境学习理论在体验式活动课中的应用也面临一些挑战。首先,创设真实且有效的情境需要教师投入大量的时间和精力,包括收集资料、布置场景、准备道具等,对教师的教学资源获取和教学设计能力要求较高。其次,在组织实践共同体和引导学生进行合法的边缘性参与过程中,教师需要具备良好的课堂管理能力和引导能力,以确保每个学生都能积极参与并有所收获,避免出现个别学生被边缘化或小组合作失衡的情况。另外,对学生学习成果的评价是一项颇为复杂的工作。传统的考试评价方式难以全面衡量学生在实践共同体中的表现、知识建构过程和能力提升情况,需要教师探索多元化的评价方式,如过程性评价、作品评价、小组互评等。

五、人本主义学习理论

人本主义学习理论兴起于 20 世纪中叶,以马斯洛、罗杰斯等人为代表。该理论强调以学生为中心,将学生视为具有独特情感、兴趣、需求和潜能的个体,而非单纯的知识接受者。

马斯洛的需求层次理论为人本主义学习理论奠定了基础,他认为人有生理、安全、归属与爱、尊重、自我实现等多层次需求。在学习情境中,当学生的低层次需求得到满足后,他们会更有动力追求高层次的自我实现需求,如发挥自身潜力、实现个人理想等。

罗杰斯提出的非指导性教学理念是人本主义学习理论在教学中的重要体现。他主张教师应成为学生学习的促进者,应营造一种自由、宽松、和谐的学习氛围,让学生在没有过多外部压力和干涉的情况下,自主地探索知识、表达情感、发展个性。在这种教学模式下,学生能够根据自己的兴趣和需求选择学习内容和方式,教师的主要任务是提供支持、鼓励和引导,帮助学生建立积极的自我认知,促进其自我实现。

(一)以学生兴趣和需求为导向

在设计体验式活动课之前,教师需要深入了解学生的兴趣爱好、生活经历以及他们在学习和成长过程中面临的问题与需求,可通过问卷调查、课堂讨论、个别访谈等方式收集信息。例如,当教师发现学生对环境保护问题关注度较高时,便可以设计以"绿色行动"为主题的体验式活动课。活动内容可以包括组织学生进行校园垃圾分类调研、社区环保宣传活动策划、参与本地河流湖泊的水质监测等。这样的活动设计基于学生的兴趣点,能够激发他们的参与热情,使他们更主动地投入学习体验。

（二）创设支持性的学习环境

人本主义学习理论强调学习环境对学生学习的重要性。在体验式活动课中,教师要努力创设一个安全、尊重、信任、包容的学习环境。例如,在活动课的教室布置上,可以采用温馨、舒适的装饰风格,摆放一些绿色植物,营造轻松愉悦的氛围。在活动规则制定方面,鼓励学生自由表达观点,尊重每个学生的独特见解,即使学生的想法存在错误或不完善之处,也不能急于批评或否定,而是应该引导他们通过进一步的探究和讨论来修正和完善。在小组合作活动中,教师应注重培养学生之间的相互信任与合作精神,让学生感受到自己是团队中不可或缺的一员,从而增强他们的归属感和自信心。

（三）促进学生自我认知与自我反思

人本主义学习理论强调通过体验式活动课培养学生的自我认知与自我反思能力。在体验式活动课中,教师可在活动尾声设置结构化反思环节,引导学生回顾自己在活动中的表现,包括参与度、合作能力、知识技能的掌握与运用情况等,分析自己的优点和不足之处,并制订改进方案。除此之外,教师还可通过引导式提问框架(如梳理核心收获、定位提升维度、评估团队协作模式)帮助学生建立反思坐标,如"在这次活动中,我最大的收获是什么""我在哪些方面还需要进一步提高""我是如何与团队成员合作的"等。通过这样的自我反思过程,学生能够更加清晰地了解自己的学习过程和成长轨迹,不断调整自己的学习策略,促进自我实现。

综上所述,体验式活动课的教育理论基础是多方面且相互关联的。建构主义理论从知识建构的角度提供了基础,具身理论提示身体的主动参与对概念学习的重要性,积极心理学提供了学习共同体建设的思路,情境学习理论强调了学习情境的重要性,人本主义学习理论注重学生的情感和自我实现。班主任、教育工作者只有深入理解这些理论基础,并将其与体验式活动课的设计与实施有机融合,才能更好地发挥体验式活动课的优势,促进学生全面、深入、个性化的学习与成长,为培养适应新时代需求的创新型人才奠定坚实的教育理论基础。

第三节　初中体验式活动课在班级建设中的育人作用

一、班级的概念

(一) 班级的内涵

班级是学校为实现一定的教育目的,将年龄和知识程度相近的学生,按照一定的人数规模建立起来的、有固定编制的基本教育教学单位。

班级是社会发展到一定阶段的产物。16世纪,随着工商业的发展和科学技术的进步,对人才的需求增加,教育规模需要扩大,班级授课制应运而生。17世纪,捷克教育家夸美纽斯在《大教学论》中对班级授课制进行了系统论述,奠定了班级组织的理论基础。此后,班级这一组织形式逐渐在世界各国的学校中推广。

在我国基础教育阶段,班级是一个有组织、有纪律的正式群体。它有明确的组织结构,包括班主任、班委会(如班长、学习委员、纪律委员等),他们共同负责班级的日常管理工作,维持班级秩序,组织班级活动,确保班级各项事务顺利开展。

班级还是学生社会化的重要场所。学生在班级中与教师、同学交往互动,学习和掌握社会规范、人际交往技巧,形成价值观和社会角色意识。通过参与班级活动,如文艺演出、体育比赛、志愿服务等,学生逐渐学会适应社会生活,为将来步入社会奠定基础。

(二)班级的形成与发展

新生入学后被编入班级,学校的编班仅形成班级的雏形,要发展成为班集体需满足特定条件并历经多个阶段。唐讯在《班集体教育实验的理论与方法》中提到,在共同活动、交往与人际关系的发展进程中,班集体从教育客体转变为自主学习、自我管理的教育主体,通常要经历三个发展阶段:初级阶段(组织和教育集体)、中级阶段(指导集体自我教育)、高级阶段(在集体中发展个性)。劳凯声提出,班集体的形成与发展可划分为四个阶段:松散的群体阶段、班集体初步形成阶段、班集体的确定阶段、班集体巩固发展阶段。

可见,班集体是在班主任主导以及各种教育力量协同引导与培育下,由低级形态的班级群体逐步发展而成的共同体。班集体以儿童与青少年为主体,有着崇高的社会目标,以亲社会的共同活动为媒介,以民主平等与合作的人际关系为纽带,能充分促进成员个性发展且极具凝聚力。这些特质既是班集体建设的理想标杆,也是衡量班级群体发展水平的关键要素。班集体的形成过程是班主任与学生共同参与各类活动,实现师生素质持续提升与发展的过程。体验式活动课作为班级集体建设常用的教育方式,对丰富学生情感世界、增进现实情感体验以及提升自我认知等多方面均有着积极作用。班主任可依据班级实际问题创设真实情境,助力学生构建起具备共同奋斗目标、坚强领导核心、有序组织机构、统一行为规范、和谐人际关系、亲社会共同活动、健康集体舆论等特征的班级。

二、初中班级建设的时代要求与主要任务

(一) 班级建设应立足于时代新人的培养

习近平总书记在中国共产党第二十次全国代表大会报告中着重强调,需"实施科教兴国战略,强化现代化建设人才支撑",秉持"坚持

为党育人、为国育才,全面提高人才自主培养质量,着力造就拔尖创新人才"的理念。教育是民族振兴、社会进步的基石,建设教育强国是推进中华民族伟大复兴的基础工程。

学校是教育体系的基本构成单元,班级是学校落实育人目标的核心阵地。班级建设的首要使命在于切实贯彻"立德树人"这一根本任务。在班级建设进程中,必须全面遵循党的教育方针,坚守为党育人、为国育才的政治导向。值得注意的是,一个新组建的班级并非天然地就能凝聚为一个团结奋进的班集体,其形成需要班主任、学生、家长等多方面的协同努力。

(二) 班级建设应引导学生直面不确定的未来

《庄子·养生主》云:"吾生也有涯,而知也无涯。"个体生命的时长有限,而知识的范畴却广袤无垠。学生在校园中所习得的知识,在未来的岁月里或许会逐渐沦为陈旧过时的信息;他们当下在学校里所接触的人与事,在未来的社会环境中亦可能发生翻天覆地的变化。21世纪的世界正以一种全新的、极具冲击力且令人惊叹的方式,对我们的社会根基发起挑战并予以重塑。教育的核心作用之一便是培育未来的劳动者,使其能够有效应对所处时代的重重挑战,而这也恰恰是班级建设工作的教育要点。在班级育人的全过程中,应全力引导学生树立正确的世界观、人生观与价值观,不断提升个人才能,切实履行公民职责,大力弘扬中华优秀传统文化与社会主义核心价值观,

为人类社会的发展贡献力量,以无畏的姿态勇敢直面未来世界的风
云变幻。

三、体验式活动课在班级建设中的育人价值

(一) 体验式活动课对学生个体健康发展的作用

1. 初中生人格发展特点

人格作为一个内涵丰富却又界定相对模糊的概念,是个体在行
为表现上的内在倾向。当个体去适应环境的时候,人格会在很多方
面综合体现出来,像能力、情绪、需要、动机、兴趣、态度、价值观、气
质、性格、体质等。它就像一个有着内在动力和连贯性的自我认知
体系,把个体的这些不同方面都整合在了一起。人格是在个体社会
化的过程中慢慢形成的,它就像是个体独特的身心组织架构,让每
个人都有自己独特的人格。人格作为一种稳定的心理行为范式,
主要通过个体在社会化实践场域中的显性化行为呈现。这种显
性化表征既体现在日常生活的处世方式中,也展现在职业场景的
责任担当里,更渗透于人际互动的交往模式中。其深层价值在于
通过多维度的精神特质与实践效能的交织,系统地折射出个体在
认知维度(思想觉悟)、道德维度(情操修养)及能力维度(专业素
养)三重坐标系中的综合发展水平。初中生正处于青春期这一特
殊且关键的发展阶段,其人格特征在自我意识、情绪情感、人际交

往、性格以及价值观等诸多要素方面呈现出多样化且动态变化的显著特点。

第一，自我意识强化。其一，初中生对自我形象关注度大增，在意自身外貌、穿着与言行；其二，自我认同感分化，既渴望他人认可，追求理想化自我，又常因现实表现不满而自我否定，内心矛盾；其三，自我评价能力发展，较之小学生更能全面客观地评估自己，逐渐形成独立思考判断能力。

第二，情绪情感变化强烈，控制能力弱。一是情绪自控力弱，青春期学生情绪起伏大，易因小事情绪波动且难快速平复；二是情感世界丰富细腻，对亲情、友情、爱情有更深刻的理解，在友情中注重理解支持，在亲情中情感复杂；三是闭锁与开放心理并存，不愿向成年人袒露心声，却渴望向同龄好友倾诉。

第三，人际交往欲望强烈，但能力有待提升。一是重视同伴关系，渴望融入集体获同伴认可，群体归属感强；二是有独立社交需求，不满足于父母或老师安排的社交活动，会主动结交朋友、参与社交聚会；三是与父母关系发生变化，摆脱过度依赖，形成独立见解，易与父母产生矛盾。

第四，性格处于发展关键阶段。一是性格独特性凸显，初中生会展现出其鲜明的性格特质；二是性格可塑性大，虽有定型趋向，但可通过环境、教育与自身经历改变。

第五，价值观处于探索与形成阶段。一是受多重因素影响，思考人生意义、是非对错等问题,构建价值观体系;二是价值判断易受外界干扰,因认知与价值观不成熟,易受流行文化、同学观点影响。

2. 体验式活动课在学生人格培养中的作用

体验式活动课可以激励学生以积极乐观的态度去看待世界、他人与自我,正确对待过去、现在与未来,坦然面对顺境与逆境,努力成长为一个自立、自信、自尊、自强且幸福的进取者。

(1) 激发主体独立意识,增强独立能力

数字技术的革命性突破与社交媒体生态的演化共同推动了社会形态向数字文明转型,重构了人类生产生活方式及信息交互范式。在此背景下,出生于数字洪流中的"互联网原住民"——当代初中生群体,其认知发展呈现出鲜明的代际特征:网络环境既解构了传统思维模式,又重塑了新型认知图式;虚拟社交平台在拓展人际连接维度之际,也在重塑社会关系建构方式;数字工具的普及应用更催化了问题解决能力的迭代升级。值得注意的是,这种技术浸润环境催生了"数字原住民"的主体意识觉醒进程,网络为学生们打开了一扇获取丰富信息的大门,让他们拥有了平等表达话语权的机会,其独立意识也能得到应有的尊重。在网络世界里,学生们可以自由地发表自己的观点和想法,不再受到诸多限制。他们既展现出对网络空间的深度参与能力,又在价值判断与行为决策中显现出独特的批判性思维特征,形成技术赋能与自主意识共生的新型成长生态。面对事物判断,学生不再盲从教师或家长的意见,对学习问题也拒绝单向灌输。然而,对于初中生来说,他们虽然借助数字内容培养了一定的独立意识,但要把这种意识转化为现实生活中的独立能力还存在明显不足,如人际交往、组织活动、规划未来等。这是班级工作难点与突破关键。体验式活动课可让学生在互动中理解独立的意义价值,培养独立能力,避免因说教引发逆反心理。

(2)增强社会角色意识,提高社会适应能力

社会角色是个体在特定社会关系中,依据社会期待形成的规范化行为模式。处于青春期的初中生,其独立诉求与经验匮乏、经济依赖之间的矛盾,导致其社会角色认知与社会适应能力严重脱节。传统道德教育囿于单向知识灌输,难以回应社会发展需求,班主任工作亦频现"活动与行动割裂"之困。班级作为社会化初级场域,学生需在其中通过角色实践完成自我建构。体验式活动课通过情境化参与,助力青少年明晰角色边界、提升适应能力,并借由团队协作与诚信养成的隐性过程,实现道德品质的内化升级。

(3)提高自我管理意识,提升自我管理能力

2014年,教育部提出要构建学生发展核心素养体系;2016年发布了《中国学生发展核心素养》,其中指出,中国学生发展核心素养以培养"全面发展的人"为核心,分为文化基础、自主发展、社会参与三个方面,综合表现为人文底蕴、科学精神、学会学习、健康生活、责任担当、实践创新六大素养,其中健康生活要求学生学会自我管理。

自我管理包括正确认识评估自我、选择发展方向、规划运用时间精力、具备持续行动力等。培育初中生核心素养,仅靠班主任的理论讲授难达目标,需学生亲身实践与思考。苏霍姆林斯基指出,真正的教育是能激发学生自我教育的教育。吕兴旺提出了自我管理能力三元模型(自我评价、自我体验、自我控制),三者构成动态循环系统。自我控制必须以正确的自我评价和情感体验为基础,通过结构化实践训练形成行为范式。在体验式活动课程设计中,实践训练为自我控制提供行为基础,而深度体验则促进自我评价的校准,这种双重机制正是培养初中生自我管理能力的核心路径。

(二) 体验式活动课对班级建设的作用

1. 有助于班级学习共同体建设

当前学校教育存在教师中心与学生中心两种中心论。以学生为中心易忽视教师主导,以教师为中心则易忽视学生主体地位。体验式活动课超越双中心论,提倡班集体学习共同体建设。班主任、任课教师与学生都应成为终身学习者。班主任与任课教师应先以"专家"学习者身份示范指引学生学习,同时以热爱学习的态度与善于学习的能力,营造开放、互帮互学的新班集体学习共同体,助力学生从"新手"向"专家"学习者转变。

班主任与学生是班集体环境的重要组成部分。班主任凭借其丰富的人生阅历,形成了独特的生活感悟以及信息认知体系。而学生则会依据自身的生活经历、内心感受,与班级的整体环境以及班主任展开积极的互动。在这个过程中,班主任和学生各自拥有的信息体系相互交织、彼此渗透,进而融合生成一种全新的、关于班集体的整体认知。在师生体验融合互动中,班主任与学生的态度及互动影响彼此发展。因此,班主任与学生在体验式活动课中可结成学习共同体,这是班级建设的核心价值。

2. 有助于解决班级建设过程中的具体问题

初中体验式活动课以育人为本,重视学生体验,是学校教育的重要部分,对班集体建设与学生成长意义重大。

因不同班级班情及学情差异,多样化的体验式活动可增强学生的参与感,提升教育效果。如班级组建初期,体验式破冰活动可以消除师生、生生陌生感,构建良好人际关系基础。班级建设中,体验式活动可以凝聚班集体力量,让学生自信地展示自我、认识他人,营造积极氛围。学生成长关键期,体验式活动助力探索内心,增强自信,提升内在品质。青春期学生面临身心与学习压力,体验式活动可舒缓压力、塑造健康心理。不仅如此,在建班育人的过程中,体验式活动能够在活动过程中巧妙地渗透团队协作的理念,同时还能培养学生的责任担当意识。通过这些活动,学生能够逐步塑造良好的道德品质,为未来的成长奠定坚实的基础。

第四节　体验式活动课对班主任
工作的价值

一、班主任在初中班级建设中的使命

班级在初中教育阶段,不仅是知识传授的空间,而且承担着学生自我管理与自我发展的关键使命。班主任作为班级建设的核心引领者,肩负着为学生塑造主动发展意识、培育自主发展能力的重任,需精心创设各种有利条件。

班级学生在共同学习、集体活动以及人际交往的动态过程中,通常会经历三个重要发展阶段。(1)初创阶段。班集体建设聚焦于组织架构的搭建与班级认同感的初步塑造。此阶段的关键在于让学生明晰班级的基本规则与秩序,从而逐渐形成对班级整体的归属感与认同感。(2)确立阶段。此阶段的重点在于引导学生开展自我教育,并逐步构建独特的班级形象。这就要求班主任积极培养学生的自我认知与自我管理能力,使班级呈现出鲜明且积极向上的形象特质。(3)稳固发展阶段。此阶段的核心目标是培育优良的班级风气,并在集体环境中充分促进学生个性的多元发展。在这一时期,班级已具备较为成熟的文化氛围与价值导向，能够为学生个性成长提供肥沃的土壤。为使班级建设更具系统性与针对性，班主任可依据班级所处的不同发展阶段，紧密结合学校德育要求，对初中各年级的班级建设进行精准的目标定位。

二、班主任工作面临的困境与挑战剖析

班主任工作的复杂性与高强度导致大量教师对其望而生畏。部分教学能力突出的教师亦可能因为角色转换困难而难以胜任班主任职责，新任班主任的青年教师群体表现得尤为显著。新手班主任普遍面临多重困境，集中表现为专业知识储备不足、班级管理能力薄弱及身心耗竭等问题。

（一）班级工作系统性专业知识的缺乏

班主任的工作范畴广泛且多样，涵盖学生学习与生活的各个层面，诸如班集体的构建、班会的策划与组织、班级团队活动的统筹与指导，以及与学生、家长沟通交流等。班主任往往缺少系统学习和训练专业知识的机会，在面对信息时代背景下的学生班集体建设任务时，仅凭自身的本能反应或过往的有限经历，难以契合新时代学生的发展需求，更难以掌握科学有效的育人理念与方法。

（二）班主任专业能力相对薄弱

班主任日常面对的是充满活力、活泼好动的学生群体，仅有专业知识远远不够，还需将这些知识转化为实际的专业能力，包括教育应变能力、交往协调能力、深入了解和研究学生的能力、创建班集体的能力、组织开展各类活动的能力以及线上开展班级工作的能力等。班主任所具备的这些能力水平的高低，和班级工作开展的实际效果有着直接的联系。要是班主任的专业能力不够强，当遇到棘手问题时，就很难找到合适的办法去解决。而且，这种情况可能还会让班主任开展班级工作的热情减少，信心也会受到打击。

（三）班主任工作方法存在缺陷

传统的班级管理模式大多倾向于说教式，忽视了对学生品德内化过程规律以及班级工作规律的深入探究。部分班主任固守权威角色，以"我说你听""我管你服"的指令式管理开展班级工作。这种简单化、控制化的教育模式，本质上是角色认知的偏差，不仅压抑了学生作为班集体主人和自我教育主体的能动性，更会阻碍其品德发展。须知，学生品德的形成需经历"道德认知—情感共鸣—意志强化—行为实践"的完整链条，尤其是"感知、体验、反思、行动"的螺旋式内化过程。而高压管控割裂了这一链条，使得学生的道德认知难以转化为自觉行为，最终导致德育实效性不足。因此，创新班主任工作方式，探寻一种形式生动活泼、深受学生喜爱且符合品德形成规律的工作模式，是提升建班育人实效、破解德育难题的关键举措。

三、初中体验式活动课对班主任工作的价值

(一) 班主任队伍建设的专业素养要求

2009 年 8 月，教育部颁布了《中小学班主任工作规定》，着重指出"班主任是中小学的关键岗位，承担班主任工作是中小学教师的重要职责，教师在担任班主任期间应将其视为主要工作任务"，同时强调"教育行政部门和学校应制定班主任培养培训规划，有组织地开展班主任岗位培训"。在班主任所需具备的众多核心素养中，班级活动的组织设计能力尤为关键。班级活动的形式丰富多样，例如主题班会、社会实践、文体活动等。而体验式活动课是一种很好的班级活动形式，通过精心设计并有效实施，能够很好地提升班主任核心素养，有力提升班主任专业能力的质量与水平。

(二) 体验式活动课对不同发展阶段班主任工作的推动作用

体验式活动课针对不同发展阶段的班主任有着差异化的要求与助力。对于新手班主任而言，其首要任务是学习并领悟体验式教育理念，深入了解体验式教育活动的概念、特点及关键要素，从而更新其入职初期的教育理念，积极思考德育方式创新的实施途径，努力养

成将理论转化为实践并自觉应用于班主任育人实践的意识与能力。青年班主任面临的主要困惑则更多地聚焦于班级活动设计方面,例如活动主题的精准选择、活动过程的合理设计、活动问题的巧妙设置等,并将这些作为以体验式教育活动方式开展班级工作的核心切入点。骨干班主任则可通过开展现状调查,精准聚焦教育困惑,引领班主任团队精心设计活动方案,实施实践评估与深度反思,稳步推进项目的顺利开展。

在体验式活动课项目的引领下,学校应积极鼓励青年班主任充分发挥自身的创造力与想象力,在班级建设过程中大胆尝试丰富多元的活动形式。当新手班主任和青年班主任遇到问题时,学校领导或项目导师不宜急于直接给出"正确答案",而应引导他们洞察问题的本质核心,尝试自主解决。若仍难以突破困境,则可在项目小组内部通过分享经验、集体智慧碰撞(如头脑风暴)等方式共同寻求解决方案。亲身实践与体验后的深刻感悟与收获,成为激励班主任持续探索创新、不断前行的强大动力源泉。

第二章

初中体验式活动课的设计

初中阶段学生正处于青春期这一特殊且关键的时期,身体与心理都在快速发育和变化。这时候他们逐渐形成了强烈的自我意识,对他人的评价极为敏感,内心世界也越发复杂多样。在遭遇困难与挫折时,每个学生的反应都不一样,有的可能会陷入深深的沮丧,对自我产生怀疑与否定;有的则会故作坚强,以满不在乎的态度来掩饰内心的脆弱;还有的会表现得极为敏感,如刺猬般对外界的任何提及都充满抵触。然而,无论他们表面上如何表现,在内心深处都无比渴望得到他人的关心与帮助。倘若班主任能够精心策划一次体验式活动课,以此助力学生突破自身难以逾越的障碍与困境,这对于处于青春期、内心敏感且渴望成长的学生而言,无疑将起到极大的推动作用,为他们的身心健康发展和班级融入提供有力支持。然而,现实中许多班主任在面对这样的需求时,往往感到困惑与迷茫,不清楚该从何处着手,怎样进行深入思考,不知该如何设计一节体验式活动课。

首先,让我们来明确一下"设计"的概念。例如,如果我们要设计一座房屋,就必然需要全面考量房屋的用途、使用者的性质及其特定需求、预算的限制、时间的约束以及可利用的资源等诸多因素。所谓设计,从本质上讲,是"根据事物本来的面貌与我们所要求的面貌之间的距离,或者根据希望达到的愿望,来确定目标的过程"①。而教学设计,则是指向教育目的或目标达成的具体方式与途径。体验式活

---

① [美] R·M·加涅,等.教学设计原理[M].第五版.王小明,等,译.上海:华东师范大学出版社,2007.

动课的设计更是如此,它要求我们紧密围绕学生所面临的实际问题,精心挑选行之有效的活动方式,以实现班级建设的教育目标。本章将深入探讨如何设计一节初中体验式活动课,以期为广大班主任提供切实可行的指导与借鉴。

第一节　初中体验式活动课的教育目标与内容

一、初中体验式活动课的教育目标

(一) 引导学生理解集体与自我关系

初中阶段是学生个体身体发育和心理成熟的关键阶段,他们的自我意识逐渐觉醒并快速发展,开始深度融入各种集体环境。班级是学生自我意识发展的重要场所,也是学生社会化的重要环境。在班级生活中,师生关系、同伴接纳水平、男女生性格差异,都会引发学生对班级集体与自我关系处理的矛盾。如何引导学生正确理解集体与自我的关系,成为教育过程中的重要课题。而体验式活动课有助于学生对这一关系的深刻认知。

首先,体验式活动课可以帮助学生在集体活动中发现自我,加深对自我的认知。在集体环境中,学生可以通过与他人的比较和互动来发现自己的优点和不足。

其次,体验式活动课可以帮助学生理解团队合作成败与个人行动之间的关联。当小组开始行动时,集体与自我的关系便更加生动地展现出来。个人的行动直接影响着集体的进程。如果某个学生过于自我,不顾及团队成员的意见和节奏,执意按照自己的想法前行,可能会给整个小组带来不良影响,这体现了自我不当行为对集体的负面影响。相反,当学生能够将自我融入集体,发挥自己的优势,整个团队就能共同进步。在这个过程中,学生们会深刻体会集体的成功离不开每个个体的努力,而自我的价值也在集体的成就中得到放大。

再次,体验式活动课可以帮助学生理解实现目标需要集体共同努力。绝大多数的体验活动都不是靠个人"单打独斗"就能完成的,而是需要学生们齐心协力、分工协作。在这个过程中,初中生能够深刻体会团队中每个角色的重要性,明白只有大家"心往一处想、劲往一处使",才能实现共同的目标,取得好成绩。这种团队协作精神的培养,不仅有助于班级活动的顺利开展,更会让学生在今后的学习、工作以及生活中,懂得如何与他人合作共赢,更好地融入集体,适应社会发展的需求。

教育的最高境界是引发学生的"悟",班主任应该善于发现学生的自身优势,借助体验式活动课引导学生了解、掌握集体与自我的关系,进而有效利用班集体建设,帮助初中生自我管理、自我教育和自我发展。班主任应当发现学生的成长需求,为学生自主发展铺路搭桥、创设环境,引导学生正确地认识自己、管理自己,培养其独立自主的人格。同时,教师自己也能从繁重的班级管理工作中解放出来,做一个智慧、幸福的班主任。

(二) 帮助初中生心理健康发展

初中阶段是学生心理健康发展的重要时期。心理健康并非处于同一水平,而是具有层次性的,大致可分为心理疾病或障碍、心理机能正常和人格健全三个层次。其中,心理疾病或障碍属于不健康的层次;心理机能正常属于低层次的心理健康,以心理适应为基本特征,通常表现为能消除过度的紧张不安而达到内部平衡状态,对周围环境顺从,内心无冲突,甚至可能会出现为了迎合他人而上下讨好、左右逢源的情况;人格健全属于高层次的心理健康,表现为有高尚的目标追求,发展建设性的人际关系,渴望生活的挑战,寻求生活的充实与人生意义。

首先,体验式活动课有助于学生学会人际交往。体验活动常常需要学生们相互合作,共同完成任务,这为他们搭建了丰富的人际交往平台。班级活动往往汇聚了班级里不同性格、不同背景的学生,大家为了一个共同的活动目标相聚在一起。在活动筹备和开展过程中,学生不可避免地要与他人交流互动,这就为初中生创造了丰富的人际交往机会。比如在体验活动中,学生需要分组完成各项任务。在此期间,他们要学会清晰地表达自己的想法、耐心倾听他人意见、友好地协调不同观点,这些都是提升沟通技巧的关键。通过多次参与这样的活动,初中生能够结识更多志同道合的朋友,拓展自己的人际交往圈,克服人际交往时的羞涩与紧张,变得更加善于与人沟通、交流。

其次,体验式活动课有助于学生学会包容他人、宽以待人。每个学生的个性特点不同,而集体中的人与人之间的差异是学生发展和完善个性的"明镜",也是集体生活中重要的学习资源。有的学生性格开朗,有的学生性格内向,借助体验活动,性格开朗的学生可以学习内向同学的沉稳,性格内向的学生可以学习开朗同学的大方。班主任要鼓励学生彼此为"镜",学会包容他人的不同,学习他人的优点,积极参与集体活动,把握机遇,自主发展。

最后,体验式活动课有助于增强学生抗挫折能力。学生在完成各项具有挑战性的体验活动过程中难免会遇到困难和挫折,如比赛失利、活动组织出现问题等,这些可以有效锻炼学生的心理承受能力,让他们学会以积极的心态面对失败或困难。一方面,学生们可以一起分析失败或出现问题的原因,总结经验教训,彼此鼓励;另一方面,学生们会发现自己在面对困难时的不同心态,努力调整自己,学会在压力下保持冷静,从失败中振作起来。

通过体验式活动,学生能够学会从不同角度审视自己,形成对自身优点和不足的清晰认知,为后续有针对性地自我提升提供依据,有助于塑造其积极向上、不断进取的自我形象,促进人格的逐步完善。

(三) 吸引初中生主动参与集体活动

初中阶段的高年级学生对传统且缺乏互动性的班级活动表现出较低的兴趣,往往以被动和应付的态度参与其中。若缺乏学生的主动参与和积极体验,任何教育活动均难以触及学生的内心深处。吸引初中生积极主动地参与班级活动,有助于为其初中生活乃至未来的发展奠定坚实基础。

给予初中生积极的反馈可以培养学生自信心,吸引他们参与更多的班级活动。当初中生积极主动地参与班级活动,并在活动中取得一定成绩,哪怕只是完成了自己负责的一个小环节,如成功跑完自己的接力赛段,或是在活动中贡献了别具创意的设计思路,都会收获来自老师、同学的认可与赞扬。这种积极的反馈就像一把神奇的钥匙,能开启他们内心深处自信的大门。随着参与活动次数的增多,自信心也会不断累积,他们会开始相信自己具备应对各种挑战的能力,对自己的整体评价会更加积极,进而不断完善自我形象,以更加饱满的精神状态去面对学习与生活中的诸多事务。

吸引初中生主动参与班级活动具有多维度、全方位的价值,能助力初中生在个性成长、社交能力、班级建设以及综合素质提升等诸多方面蓬勃发展,让其初中生活成为一段充满美好回忆且富有意义的成长旅程。

二、初中体验式活动课的教育内容

（一）人际交往能力

人际交往能力是指人们在社会交往活动中运用各种方式来表达自己的想法、情感，与他人进行有效沟通，建立和维护良好关系的能力。人际交往能力主要表现在表达能力、倾听能力、情绪理解能力、共情能力、建立关系能力、维护关系能力等方面。

表达能力包括语言表达和非语言表达两个方面的能力。其中，语言表达是人际交往中最直接的方式，比如清晰地陈述观点、准确地传达信息等。在班级活动中，学生需要有条理地阐述自己的想法，使同学和班主任能够理解讲述要点。语言表达还涉及说话的语气、语速等因素，用温和、诚恳的语气与人交流往往更容易被接受。非语言表达主要是通过肢体语言、面部表情等来传递信息。微笑便是一种好的非语言信号，在初次见面时能给人留下良好的印象。眼神交流也至关重要，当一个人在与他人交谈时，专注的眼神表达出对对方谈话内容的关注。手势也能辅助表达，适当的手势可以增强表达的感染力。因此，我们应当引导学生学会适当运用语言表达和非语言表达，让沟通更加顺畅，人际关系更加和谐。

倾听能力是人际交往的重要能力之一。它不仅仅是简单地听对方说话，更重要的是能够理解对方话语中的深层含义，包括潜在的情绪和需求。一个善于倾听的人，会在对方讲述时保持专注。在倾听的过程中，切忌轻易打断对方的陈述，应给予对方充分的表达空间，让他感受到被尊重和理解。同时，通过点头等肢体语言，可以向对方传达自己在认真倾听的信号。这种能力有助于建立信任，促进更深层次的交流。

情绪理解能力指能够敏锐地感知他人的情绪状态，是人际交往中的关键技能。它要求我们在与他人交往时，能够细心观察对方的表情、语气和体态，从而准确地判断对方的情绪。这种能力有助于我们更好地适应社交环境，避免因为误解他人情绪而产生冲突。

共情能力是情绪理解能力的深化与升华，它要求我们设身处地地去感受他人的情绪，仿佛自己也置身于相同的情境之中。这种能力使我们能够更深入地理解他人的需求和感受，从而给予他们更恰当的回应和支持。当我们能够共情他人时，对方会感受到我们的真诚和关怀。

建立关系能力是学生社交技能中的重要一环，体现在学生能够主动与人交往，如在学校或社会公共场合中主动与陌生的老师、同学打招呼，并巧妙地利用兴趣爱好、学习经历等共同话题作为桥梁，拉近彼此的距离，从而开启一段新的对话。这种能力有助于我们扩大社交圈子，结识新朋友，为未来的发展打下良好的人际关系基础。

维护关系能力同样重要，它包括保持联系、关心对方的生活和工作等方面。例如，在好朋友生日时送上祝福，在同学取得好成绩时表示祝贺。这些看似微不足道的举动,却能让对方感受到我们的关心和在意。在关系出现矛盾时,能够妥善处理,通过沟通、协商等方式来化解矛盾,维护良好的关系,也是维护关系能力的重要体现。

人际交往能力,作为衡量个体能否顺应现代社会需求的重要标尺之一,对青少年的班级适应及学业发展具有深远的影响。学生建立起良好的同伴关系不仅能促进信息的顺畅交流,使友谊的日益深厚,还能激发班级群体的凝聚力,形成一种积极的聚合效应。这一系列正面效应,对于学生而言尤为关键,有力推动了学生个体社会交往能力的提升及学习能力的发展。具备出色人际交往能力的学生,在班级互动中往往占据优势,他们与教师的关系更为和谐,与同学的相处也更为融洽,这些都为他们的学业成就奠定了坚实的基础。

(二) 独立判断力

独立判断力是指个体在面对各种信息、情境和问题时,能够依靠自身的思考、分析、推理以及已有的知识和经验储备,不受外界过度干扰、不盲目跟从他人观点和意见,自主地对事物作出合理判断的一种能力。独立判断力主要包括自主性、批判性、逻辑性等方面的能力。

自主性是指个体在认知事物时,能够依据自身内心认知及价值判断体系进行思考衡量,而非简单地屈从于外部权威或盲目追随他人观点。以班级生活为例,当面对同学们热议的话题或活动时,具备自主性的学生不会随波逐流、人云亦云,而是会结合自身的实际需求与兴趣偏好,经过理性分析,作出独立判断与选择。这种思维品质的培养,既有助于学生在集体生活中保持清醒的自我认知,也能为其成长为具有独立思考能力的社会公民奠定基础。

批判性是对所接收到的信息持怀疑和审视的态度,并会分析其合理性、可靠性以及背后可能隐藏的意图等。比如在阅读一些新闻报道时,不会一看标题或者表面的内容就全盘接受,而是会思考消息来源是否权威、报道是否客观全面、有没有可能存在引导舆论等其他目的,经过深思熟虑后再做出对这则新闻真实性及价值的判断。

逻辑性是指运用系统的逻辑思维方法,将复杂问题中的各种要素进行有序梳理,通过合理的推理路径构建起要素间的内在联系,最终推导出结论。例如,在分析解决一个问题时,会从概念、特征等多方面按照一定的逻辑顺序去综合考量,进而判断解决该问题的可行性。

独立判断力是学生应对未来不确定性、判断真假难辨的信息社会、遇到困难选择方向的重要能力。初中生的独立判断力还不够成熟,比如,个别学生缺乏对事物的独立判断,容易受他人行为或语言的影响,对国家、社会、学校、教师的正面宣传表现出怀疑的态度。他们往往容易受到网络中某些"大V"或社交平台上某些不客观、不公正的言论,甚至是极端言论的影响,对各类正面宣传产生怀疑,进而产生不认同社会主义制度,甚至攻击榜样及先进人物等现象。

（三）参与班级生活的内生动力和行动力

参与班级生活的内生动力和行动力，简单来说，就是学生心里有了为集体做事的想法（也就是内生动力），然后还能把这种想法变成实实在在的行动。他们会通过具体的行为，比如花费时间和精力，真正去参与班级事务，执行班级安排的任务，推动班级建设目标一步步实现。这个过程，既体现了学生的能力，也是他们实践的过程。内生动力是驱使个体愿意为集体做事的内在驱动因素，而行动力则是把这种意愿实实在在落地、转化为推动集体发展的具体行为的体现，二者相辅相成，对于班集体的良好运作和目标达成起着至关重要的作用。参与班级生活的内生动力和行动力主要表现在目标导向明确、积极主动执行、克服困难能力强、高效协作配合等方面。

有行动力的学生能够清晰地围绕集体的目标开展行动。比如，在"多米诺骨牌挑战"活动中，团队目标是搭建好积木，使第一块积木倒塌后引起连锁反应，从而推倒所有积木。团队成员们会根据这个目标，制订详细的搭建计划，明确自己在不同阶段的具体任务，一切行动都朝着实现活动目标迈进。

有行动力的学生能够积极主动地执行任务，不会消极等待他人安排或指令，会主动发现集体中需要做的事，并积极付诸实践。在班级组织里，有的学生看到班级文化活动比较单调，就会主动发起并组织策划新的活动，联系各方资源、协调场地和人员等，整个过程都展现出积极主动的态度，将自己想要丰富班级文化生活的想法快速转化为实际行动。

在为集体做事的过程中难免会遇到各种障碍和难题,有行动力的学生能够凭借坚韧的毅力和灵活的应变能力去克服。例如,在班级大扫除活动中,可能会遇到部分学生"出工不出力"的情况,有的班干部就会身先士卒,带领同学完成清扫工作,保持班级环境的整洁。

集体事务往往需要成员之间相互协作,有行动力的学生懂得与他人配合,发挥自己的优势。比如,在班级文艺演出的筹备工作中,学生们有的负责排练节目,有的负责搭建和布置舞台,有的负责保障演出物资,大家各司其职、紧密协作,通过高效的配合让整个演出筹备行动有序展开,最终成功举办班级文艺演出,达成为集体争光的目标。

参与班级生活的内生动力和行动力是学生未来走入职场,参与企业或单位活动建设的重要能力。但是现实生活中,初中生主观上希望自己积极参与班级生活,客观上往往畏惧失败,害怕在班级公共事务中承担责任。有的学生遇到不同意见时,难以控制自己的行为;有的学生遇事慌张,甚至鲁莽行动,陷入"越做越错"的怪圈。体验式活动课为学生提供了体验的平台,可以有效提升学生面对失败的心理承受能力,并使他们从与同伴的合作中获得理解、在教师的鼓励中获得支持,进而激发其参与班级生活的内生动力,在不断的实践中提高行动力。

(四) 生涯规划力

生涯规划力,是初中生的一种综合能力。这种能力让他们能够对自己未来的学习、生活和职业发展等方面进行系统的思考和规划，做出合理的安排。而且，他们还能依据规划去行动，并在过程中根据实际情况适时调整。具体来说，这种能力主要包含自我认知能力、学业规划能力和职业探索能力这三个方面。

自我认知能力是指初中生要能够清晰地了解自己的兴趣爱好、性格特点、优势劣势以及价值观等方面。只有准确把握自身特点，才能为后续规划适合自己的发展路径奠定基础。

学业规划能力是指能围绕初中阶段的学习以及后续更高阶段学习的衔接进行规划的能力。在初中阶段，学生要合理安排不同学科的学习时间，明确各学科的学习目标。同时，还要思考中考目标以及未来高中、大学的选择方向，朝着相应的方向去努力，为进入更高阶段的学习作好准备。

职业探索能力主要指初中生应该对不同职业有所了解，并具备探索自己感兴趣的职业领域的能力。学生可以通过阅读相关书籍、观看职场类节目、参与社会实践活动（如参观工厂、体验农场劳作等）来了解各种职业的工作内容、所需技能以及发展前景等。比如，有的学生通过参加学校组织的科技馆参观活动，对科技讲解员这一职业产生了好奇和兴趣，进而去进一步了解其职业要求，在心里种下一颗未来从事相关职业的种子。

初中生的兴趣多样且多变，但是很多学生对自己的未来缺乏思考，更没有规划能力，对现在的学习与未来的关联性认识不足，这导致有些学生对校园生活缺乏兴趣、对学习缺乏热情,遇到学习上的困难,或怨天尤人,或自暴自弃。体验式活动课让学生在同伴互动中了解自身兴趣,从而有意识地发展特长,为未来选择奠定基础。初中体验式活动课的不同专题可以让学生在活动体验中发现自我、形成个人的价值信念和态度、自我接纳、发展潜能、学习人际交往、建立归属感,从而明确未来目标,为自己的人生制定成长方向,促进学生自我发展。

第二节　体验式活动课的设计原则

体验式教学理念已成为班级活动实施和班级教育管理的主导理念。在班级管理中开展体验式活动,有助于调整学生心态,营造良好班风,提高学生综合素质和班级综合实力,增强班级凝聚力。为充分发挥体验式活动课的作用,教师在设计过程中需遵守如下原则。

一、主体性原则

在初中体验式活动课中,学生是体验的主体,应以学生的需求为教育目标,以学生的体验过程为教育基础,以学生的感悟为教育成果。班主任应组织学生亲身参与实践,引导其完成道德品质的内化与行为的外化。

体验式活动课教育目标的实现取决于特定情境或活动中教育者与学生情感交流和互动的成效，以及体验主体的主动意愿、积极投入程度、自觉感悟、反复思考深度。成功的体验式活动课的评价指标是学生对事物的本质有能动性把握，并形成自己的主动诉求与价值观念。只有尊重学生的体验与思考，帮助他们获得属于自己的成长，学生才能找到目标，形成有效动机，并在后续学习中保持积极、主动、自信与坚持的学习态度。

学生的个性差异、个体水平差异、价值观和认知差异会带来不同的思考和感悟，收获和结果也各不相同。体验式活动课以学生为中心，充分发挥其主观能动性，有利于促进学生身心健康发展，培养创新精神和实践能力。

二、发展性原则

维果茨基的最近发展区理论指出，在发展的任何节点上，有些任务和认知过程适合儿童，而有些领域处在儿童准备水平的外缘，在他人帮助、鼓励，或有补偿性支持的学习环境下，儿童可以在这些具有挑战性的领域做出行为并得到发展①。依据该理论设计体验式活动

———————————

① ［美］R·M·加涅，等.教学设计原理[M].第五版.王小明，等，译.上海：华东师范大学出版社，2007.

课将形式和内容聚焦于学生品德的"最近发展区",能更好地突出学生主体作用,易被学生接受并产生积极的促进发展效果。班主任根据不同年龄阶段学生的身心特点和接受能力,精心设计各类活动,如活动体验、模仿练习、角色扮演等,为学生身心发展提供支撑,促进其对人际关系、自我管理、班级群体等抽象概念的理解并形成相关技能。

三、理解性原则

体验是与个体自我理解紧密相关的行为活动。同样的体验情境,不同个体的主观感受会受自身已有生活经验、认知方式、情感态度、价值取向等因素影响。在学生体验过程中,他们会解构旧经验、旧知识,主动建构新经验、新知识。在经验内化过程中,不同个体产生不同的内在理解和感受,个体差异性导致其对体验学习结果的理解存在差异。因此,同一节体验式活动课,学生对活动的理解带有个人独特的烙印,要求所有学生达到同样的行为目标不利于学生发展,学生在体验中形成自己的理解和判断才是体验式活动课的最终目标。

体验式活动课可借助观察、活动、模仿、角色扮演、采访等方法,让学生以自己的需要、情感、认知、价值取向、亲身经历及完整的自我去理解,形成对事物独特的感受和领悟,聚焦问题本身,深度挖掘探索解决的可能。

四、情感性原则

体验式活动课作为一种教育方式,具有情感性。学生通过活动加深情感体验,形成某种态度,是情感态度的塑造过程,对丰富学生情感世界、增进现实情感体验以及自我认知等多方面具有积极影响。

体验式活动课要建立师生间民主、平等的关系,营造和谐的德育环境。体验活动的失效可能并非由于活动本身的问题,而是双方关系的不平等、不均衡所致。因此,班主任在体验式活动课中要放下训诫姿态,尊重学生表达观念的权利,允许其宣泄内在心理需求,唤醒其主体情感意识。比如,当学生对班集体没有归属感时,班主任应通过体验式活动使其感受同学间的团结和默契、班集体的文化和凝聚力,使学生对班集体产生认同感,对集体生活有更积极的态度。

五、系统性原则

系统性原则是指在班级建设的整体部署中开展班级活动,主要包括两方面的含义:从横向看,每一次活动的各环节共同构成一个相对完整而独立的系统,以充分挖掘和实现活动的最大价值;从纵向看,每一次班级活动之间具有前后相继的内在联系,班级活动的系统性实质上是以更加长远的目光把握整个班级发展的大趋势,在认真分析各个阶段需要完成的不同任务的基础上，按照班级和学生发展不同阶段的不同需求来设置班级活动，从而实现活动的组织性、高效性，减少活动的随意性、盲目性。

第三节　初中体验式活动课的设计过程

一、问题发现阶段

（一）发现问题

初中生心智尚未成熟，更未定型，他们的身上存在着各种发展的可能，也充满了各种不确定性和不稳定性。班主任要有一双洞察班级情况的锐眼，及时发现问题，设计基于问题解决的教育方法。

1. 发现问题的途径

（1）从学生年龄特点和发展阶段的一般规律中发现问题

不同年级的学生在认知、情感、社交等方面有不同的需求和特点。例如，六年级学生可能更需要适应新环境、建立新的人际关系，而九年级学生则面临中考压力，更需要提升自我管理能力和应对压力的能力。

（2）从观察学生的兴趣爱好中发现问题

结合学生的兴趣爱好设计活动课，可以提高学生的参与度和积极性。例如,如果学生对音乐感兴趣,可以设计与音乐相关的体验式活动,如音乐创作、音乐表演等。

（3）及时了解学生的问题和困惑

通过与学生交流、观察学生的行为等方式,了解学生在学习、生活中遇到的问题和困惑,才能针对性地设计活动课教学目标,帮助学生解决实际问题。

2. 寻找问题的规律

有经验的班主任可以把想要解决的班级问题一一罗列,并对这些问题进行分类整理,寻找问题的规律。

（1）人际交往方面的发展特点

六年级新生初入中学,普遍对环境充满好奇,人际交往主动性强,多以共同兴趣快速形成小团体;同伴关系单纯,较少受成绩等外部因素影响;对教师有敬畏感,需逐步适应不同教学风格。

七、八年级学生同伴关系趋于稳定,小团体固化现象凸显。学生开始注重"朋友圈"的情感维护与表达,因人际摩擦引发的矛盾增多;师生关系呈现差异化发展,部分学生试探权威边界,部分则与教师建立深度信任;与父母的关系逐渐成为心理发展的关键变量。

九年级学生面临中考压力,社交投入主动收缩,独立性增强。学生更倾向与目标一致的同伴结成"学习同盟",希望能从教师那里获取学业与心理支持。此阶段社交呈现"工具性"转向,情感联结弱化但协作效能提升。

（2）行为规范方面的发展特点

六年级学生处于规范适应期。新生需适应初中行为准则，易出现纪律松散现象（如迟到、课堂随意发言等）。此阶段学生自律性较弱，依赖教师与班干部的外部监督，对校规认知较浅，需系统性规则教育。

七年级学生进入规则试探期。学生已熟悉基本规范，但对规则边界产生好奇，常以侥幸心理挑战规则（如刻意踩点迟到、试探教师底线）。此阶段需强化规则严肃性，引导学生理解规范的内在价值。

八年级学生步入矛盾调整期。多数学生形成初步自我管理能力，重视集体荣誉与协作，但部分学生因自主意识觉醒而出现叛逆行为（如对抗性沉默、刻意违规）。教育重心转向唤醒内生规范意识，减少强制干预。

九年级学生逐渐进入规范内化期。学业压力与成长驱动促使绝大多数学生自觉遵守校规，行为管理从外部约束转为自我约束。教师角色由监督者转为支持者，重点关注学生在压力下的行为调适。

（3）学习生活方面的发展特点

六年级学生处于学习适应期。学科数量陡增引发学生适应挑战，他们需要重构学习方法与习惯，因新鲜感驱动，学习投入度高。此阶段学生普遍缺乏长期规划意识，课余时间充裕但利用率低，需教师培养其时间管理能力。

七年级学生处于学习分化期。竞争意识觉醒，学业表现成为关注焦点。学生初步形成独立解题能力,但解题方法的科学性略显不足。学科难度提升导致早期成绩分层,部分学生因认知策略低效而陷入"低质量勤奋"陷阱。

八年级学生处于学习攻坚期。学科复杂度显著提高,抽象思维要求激增。学习方法呈现个性化特征(如错题归纳、知识导图),策略优化空间仍存。显著的学习能力差异催生两极分化,后进群体易出现习得性无助。

九年级学生处于学习内化期。中考压力驱使学生学习生活高度集中。有的学生会通过课外辅导、同伴互助等方式主动拓展学习资源,形成高效学习策略;有的学生往往因目标不明而情绪焦虑,易出现易怒情绪和拖延行为。

(4)班级或校园活动方面参与规律

六年级学生处于校园生活探索期。新生对校园充满陌生感,需通过广泛参与活动熟悉环境。此阶段表现为高参与热情与低选择性,学生积极尝试社团、运动会、文艺汇演等各类集体活动,但目标性弱,以体验为主。

七年级学生处于校园生活聚焦期。学生基于兴趣与能力选择性地参与活动。活动投入从广度转向深度,部分学生展现专项才能(如主持、策划),逐步承担核心任务。师生可借此识别潜在领导者(有领导潜质的学生),进行有针对性的培养。

八年级学生处于校园生活功利期。部分学生参与活动的动机转向实用主义,优先选择竞赛类提升综合素质或公益类强化社交形象的活动,对低价值项目主动弃权。此阶段易出现"参与倦怠",需创新活动形式维持吸引力。

九年级学生处于校园生活沉淀期。随着中考的临近,学生们面临着不小的压力,这使得他们在参与校园活动时变得更加理性。学生会在学业关联度高的学科竞赛或毕业纪念活动等情感寄托强的领域选择性投入,同时通过回忆建构对初中生活的意义诠释。此阶段需平衡工具理性与情感需求,避免功利化过度侵蚀校园文化认同。

(二) 确定目标

体验活动课作为一种以学生体验为核心的教育形式,为解决班级管理问题提供了新的视角和途径。然而,如何将解决某个具体问题巧妙地转化为体验活动课的教育目标,是班主任需要深入思考和探索的重要命题。

1. 问题解决与体验活动课教育目标转化的关系

第一,问题是教育目标设定的起点。班级中出现的问题反映了学生在成长过程中的困惑或不足,班主任需要敏锐地捕捉这些问题,并以此为依据确定体验活动课的教育目标。例如,若发现班级学生在小组合作学习中存在沟通不畅、分工不合理的问题,那么体验活动课的教育目标可设定为提升学生的团队沟通与协作能力。

第二,教育目标是问题解决的导向。明确的教育目标能够为体验活动课的设计、实施和评价提供方向。在以解决问题为导向的体验活动课中,教育目标犹如灯塔,指引着活动的各个环节,确保活动的开展,有助于问题的有效解决,使学生在活动过程中逐步掌握解决问题的方法和技能,实现自我成长。

第三,问题必须转化为教育目标。班主任要明确,希望学生在活动结束后能够做到哪些在此之前无法做到的事情,解决班级建设过程中出现的哪些具体问题,以及期望达到的效果。接着,需认真考量这节课对学生核心素养培养的重要性,思考学生能否通过这节课变得更好,这节课对学生未来融入新集体有哪些切实帮助。最后,要充分考虑这节课的社会需求,如何助力学生实现社会化,以及什么样的因素能够激励这些学生,班级能否借此获得更好的发展。

2. 教育目标的设定

第一,班主任要深入分析问题,确定核心目标。教育目标必须紧密围绕所发现的问题,具有明确的指向性。不能泛泛而谈,要深入分析问题的本质和根源,使目标能够精准地指向问题的关键所在。

第二,依据核心目标,设计分层目标。班主任需要根据活动核心目标,从认知目标、能力目标以及情感、态度、价值观目标等方面,分解核心目标,设计分层任务。围绕班级建设的体验式活动课的认知目标涵盖学生个人层面和班级集体层面两类,学生个人层面包括人际交往、自我管理、生涯发展、心理健康等方面,班级集体层面包括班级劳动、班级建设等方面。能力目标主要涵盖学生的观察能力、思考能力、表达能力、动手能力等方面。情感、态度、价值观目标主要包括学生对班集体的认同感、对活动的参与率与投入度、对班集体建设的贡献值等方面。根据学生的认知水平和能力差异，教育目标应具有层次性。对于较为复杂的问题，可以将教育目标分解为多个层次，从易到难、从基础到拓展逐步推进。

第三，在活动实施过程中，班主任要密切关注学生的表现和活动进展。如果发现部分学生在制订计划时过于理想化，导致计划难以执行，需要及时调整教育目标。

第四，转化后的教育目标应具备可操作性，能够在体验活动课的具体实施过程中得以实现。这就要求目标明确、具体，有清晰的行为动词和可衡量的标准。活动结束后，通过学生的自我总结、小组互评以及教师的综合评价来检验教育目标的达成情况。根据评价结果，总结经验教训，为后续的体验活动课提供参考，进一步完善教育目标转化的策略。

（三）活动主题的选择

确定目标后，我们需要根据目标选择合适的体验活动课主题。体验式活动课要取得成效，选择一个有新意的主题无疑是至关重要的。作为活动的设计者、组织者、实施者，班主任必须了解学生的思想动态和普遍关心的问题，活动主题的选择要考虑适度性、趣味性、可行性、时代性等要素。

根据各年级学生的心理特征选择适合学生的活动。学生个体的心理发展过程是阶段性的,它会在每一个阶段表现出不同的特点。例如,八年级被视作初中阶段的"心理分水岭"。学生在此阶段正式步入青春期,其心理发展呈现显著特征:(1)自我意识加速觉醒,但易陷入认知膨胀与行为叛逆的冲突;(2)对同伴关系的依赖性增强,却伴随早恋倾向与社交焦虑;(3)学业压力与独立诉求交织,形成多重成长矛盾。体验式活动课需紧扣这一特殊阶段的心理需求,设计全新的教学应对策略:(1)化解认知冲突,通过角色扮演、辩论等活动,帮助学生理性看待自我定位;(2)引导同伴互动,设计协作型任务,将同伴依赖转化为团队建设能力;(3)预防早恋风险,借情境模拟探讨情感边界,植入健康交往价值观。

根据学生的成长需要确定活动主题。活动的最终目的是引导学生成长,因此,在设计活动时必须考虑的因素之一就是要满足学生的成长需要。比如,期中、期末考试或中考前,学生往往心理压力较大,容易焦虑,产生无措感,在这种情况下,帮助学生摆正心态、积极应考就成为学生的成长需求。

活动主题选择要具备趣味性和挑战性。活动主题要能够激发学生的兴趣和好奇心,可以选择一些与学生生活密切相关、富有创意和新颖性的主题活动;一些具有一定挑战性,但又能够让学生通过努力完成的主题活动吸引学生主动参与。

活动主题选择要具有时代性。活动主题选择应紧跟时代步伐,关注社会热点问题和发展趋势。例如,"光盘行动""低碳环保"等主题,能够让学生了解当前社会的发展动态,培养他们的社会责任感和创新精神。

二、情况分析阶段

(一) 分析生情

班主任要根据学生的年龄特点,观察、分析学生的行为表现,以了解和掌握现阶段全班学生的思想状况、作息规律、行为习惯等方面的一般状态和特殊情况。生情分析是为了确定学生的思想基础、技能起点和动机特征,为体验活动设计提供了重要的支持性信息。体验活动课的生情分析包括班情分析和学生个体差异分析两方面内容。

1. 班情分析

班情分析是指班主任要分析班级在不同发展阶段的主要特征。要根据学生的学段特征以及每个学段不同时期的特点,紧紧围绕班级里的实际问题来设置教育活动。这既为活动的开展提供了发挥其独特作用的舞台,又为其开展提供了时间和空间上的保障。因此,班主任不能想到什么活动就开展什么活动,而是要把教育活动与班级当前发展的需要结合起来,在开展活动的同时实现班级目标,使活动更具教育意义。以六年级新组建的班级为例,此时的班级刚刚组建,一般会整体呈现三个特点:一是班级学生个体之间缺乏了解,互相之间不熟悉;二是班级学生对本班缺乏认同感、归属感、集体感、荣誉感;三是六年级新生对本校校规及班级行为规范不了解。基于这三个因素,班主任可以将学生行为规范及班集体教育结合起来开展工作。设计的活动应能让学生彼此间快速熟悉,建立和谐的人际关系,以增强学生对新班级的认同感和归属感。

2. 学生个体差异分析

学生个体差异分析主要涉及对不同学生生理、心理特点的分析。学生正处于身心发展的关键阶段,其情绪、思维与行为模式具有高度可塑性与动态变化等特征。班主任需以学生心理发展规律为基准,预判活动课程内容与学生认知、情感需求的匹配度,并针对潜在冲突提前设计应对策略。具体实践中,学生的个体差异显著,体现在:(1)认知风格,即思维方式(如抽象/具象)、表达偏好(主动发言/谨慎思考)等;(2)互动模式,即师生协作意愿、注意力分配特征(持久性、广度)等;(3)发展节奏,即兴趣点迁移速度、能力成长曲线等。班主任可综合运用访谈、观察、问卷等工具,精准诊断班级学情,据此制订分层活动方案,将学生差异转化为教育资源,最大化激发参与动能。

(二)资源支撑

在明确活动框架后,每次设计体验活动课,都必须周全地考虑开发这一节活动课的资源支撑问题,这是保障活动课顺利开展以及达成预期教学效果的关键所在。

1. 做好时间资源的规划

一节课的时长是有限的,想让体验式活动课有序且高效地进行,就得精准衡量各环节所需的时间。倘若安排过紧,学生可能只是走马观花,无法深入体会活动背后的理论;若安排得太过宽松,又容易导致节奏拖沓,学生注意力易分散。所以,根据活动的复杂程度、参与学生的数量等因素,合理分配好每一个环节的时间,是活动课资源支撑的重要基础。

2. 充分盘点并利用已有资源

在学校或教学场所中,往往存在着诸多可以利用的现有材料,它们能够成为体验活动课的有力帮手。体验活动经常需要用到报纸、彩纸、剪刀、胶水等工具;校内的资源库、图书馆可以提供书籍、道具等支持;网络平台上有丰富的教学素材、虚拟演示资源等可供下载;与校外的机构、单位合作,还能获取专业的设备、场地等,极大地丰富了活动课的内容。对现有材料进行梳理整合,能够在一定程度上节省成本,同时也提高了资源的利用率,让活动课开展得更加顺畅。

不同的体验活动课有不同的需求,可能存在现有的材料并不能完全满足教学需要的情况。有的体验活动课除了基本的记录工具外,还可能需要其他特殊材料来辅助开展活动。这就要求教师提前梳理出所需资源清单,清楚知晓缺少哪些关键元素,以便后续去寻找和筹备。

3. 对教育资源进行本土化改造

有些资源在特定环境下适用,但迁移到活动课中可能出现"水土不服"的情况。比如从网络上借鉴的国外体验活动案例,其文化背景、教学条件与国内存在差异,直接照搬可能导致学生理解困难,无法达到预期效果。为预防这类问题的发生,教师需要对资源进行本土化、适合本班学情的改造,使其贴合实际教学情境和学生的认知水平。

体验式活动课的资源支撑是一个系统而复杂的工程,需要教师用心考量每一个细节,充分挖掘、整合、优化各类资源,为学生打造丰富多彩、富有实效的体验式学习空间,让体验式活动课真正发挥其独特的教育价值。

(三) 活动环境

良好的环境有利于培养学生的综合素养。在富有挑战性和合作性的环境中,学生能够锻炼团队协作能力、沟通能力、创新思维能力等。活动环境包括物理环境、心理环境、社会环境等。

1. 物理环境

物理环境是指体验式活动课所需要的活动场地空间布局、设施、人员及氛围等外部条件。首先,要考虑活动场地的空间布局。班主任要根据体验活动课的内容和形式合理规划空间。活动场地空间大小、活动设备状况等因素会对课堂目标达成、团队互动、学生心理状态等产生较大的影响。其次,班主任在设计环境时要考虑体验活动课的外部环境安全,考虑活动环境是否有足够的空间满足活动的需求。再次,班主任要为活动配备充足且合适的设备,满足学生在体验活动中的需求。

2. 心理环境

第一,班主任需要营造充满安全感与信任感的氛围。班主任要通过和蔼的态度、尊重学生的言行和公平公正的评价等方式,让学生在体验活动课中感受到安全和信任。例如,班主任应鼓励学生大胆尝试,即使学生在体验活动中出现错误,也不该进行过于严厉的批评,而是要引导他们分析错误原因,帮助他们树立信心,让学生敢于表达自己的想法和观点,积极参与活动。

第二,班主任可采用多种激励手段激发学生的积极情感。班主任可以设立奖励机制,对在体验活动中有出色表现、积极创新或团队协作良好的学生或小组给予表扬和奖励,如颁发小奖品、在班级荣誉墙上展示作品等。同时,教师在课堂上的语言也要充满鼓励,如"你做得非常棒""这个想法很有创意"等语句能让学生感受到自己的努力和成果被认可,从而保持积极的学习态度。

第三,班主任可借助情境的直观性、形象性,对学生视觉、听觉等多种感官产生强烈的刺激,使之进入创设的特定氛围中,让学生在不知不觉中触动自己的情感之弦,引起学生的认知冲突,激发学生参与活动的内在动机。

3. 社会环境

班主任要善于营造合作与互动的氛围,通过分组活动、小组竞赛等形式促进学生之间的合作与互动。在体验活动课开始时,教师根据学生的特点进行合理分组,确保每个小组都有不同能力和性格的学生,实现小组内的优势互补。在活动过程中,设置需小组共同完成的任务,如在商业模拟体验活动课中,让小组共同制订商业计划并进行市场推广等;鼓励小组内成员积极交流、分工协作,促进小组间的竞争与交流,如小组间的商业方案展示与互评,以此提高学生的合作能力和竞争意识。

班主任要构建包容的环境。教师在课堂上要倡导包容的态度,鼓励学生对不同的观点和文化现象进行探讨,培养学生的跨文化交流能力和包容精神。

体验活动课作为一种强调学生亲身参与和实践的教学形式,其环境设计直接影响着学生的学习效果和体验感受。适宜的环境能够激发学生的学习兴趣,促进学生积极主动地投入体验活动,有助于学生知识的吸收、技能的培养以及价值观的塑造。

三、提出解决方案阶段

(一) 设计活动关键环节

与传统教学模式不同,体验式活动课强调学生的亲身参与和主动探索,将学习过程从单纯的知识传授转变为学生在体验中感悟、在实践中成长的综合性历程。而构建科学合理的实施过程是确保体验式活动课有效实施的核心所在,其中体验、反思、理论化、行动四大关键环节紧密相连、相辅相成,共同构成了体验式活动课的教育基石。

1. 关键环节的设计

第一是体验环节。体验是学生通过直接参与活动、与环境互动而获得的主观感受与经历。它是体验式活动课的起始点,具有不可替代的重要性。在这个环节,学生置身于真实或模拟的情境中,运用多种感官去感知事物、现象与过程,从而形成对学习内容的初步印象与直观认识。从学习理论的专业视角来深入分析,我们会发现一个饶有趣味且极具启示性的数据规律:在学习成果的获取方面,仅仅通过听觉渠道,学生大约只能收获 20％的学习成果;视觉所带来的助力稍大一些,能让学生获得 50％的学习成果;然而,令人惊叹的是,当学生亲身参与到活动当中,通过全身心的体验,竟能够收获高达 80％的学习成果。这一现象充分说明了亲身参与体验对学习的重要性。听过的知识,犹如耳边吹过的微风,很容易就消散在记忆的长河中,被学生渐渐遗忘;看过的内容,虽然能在脑海里留下一定的印记(较听觉信息留存得更久一些),但也只是浮于表面的印象;唯有亲身参与体验,学生才能真正深入知识的内核,将其牢牢把握并且内化为自身的能力与素养。这种亲身体验能够激发学生的好奇心与探索欲望,打破传统思政课或班会课说教知识的抽象性与距离感,使学生更加深入地理解所学知识,为后续的学习奠定情感与认知基础。

第二是反思环节。反思是学生在体验活动结束后,对自身经历进行回顾、思考与分析的思辨过程。它是连接体验与理论化的桥梁,具有至关重要的意义。通过反思,学生能够从感性的体验中抽离出来,以理性的视角审视自己的行为、思维过程与情感变化,从而发现其中的规律、问题与不足。例如,在团队合作项目体验式活动课中,学生在完成项目后反思自己在团队中的角色定位、沟通协作方式以及对团队目标达成的贡献。这种反思能够帮助学生深刻认识自己的优势与劣势,培养自我意识与自我管理能力,同时也为学生进一步学习与成长提供明确的方向与动力。

第三是理论化环节。理论化是将学生在体验与反思过程中所获得的零散知识、经验与感悟进行整合、归纳与抽象,形成具有普遍性与系统性的理论知识体系的过程。它是体验式活动课教育结构的核心环节之一,标志着学生学习从感性认识到理性认识的升华。通过理论化,学生能够将体验获得的具体经验与抽象的知识相联系,理解事物背后的本质规律与原理,从而实现知识的迁移与应用。这一环节要求学生将反思所得与自身过往积累的经验建立起紧密的联系,通过抽象概括的思维过程,提炼出合乎逻辑的概念或者理论,或者总结出能够切实指导生活实践的有效对策与方法。

第四是行动环节。行动是学生将在体验式活动课中所获得的知识、技能与价值观应用到新的实践情境中,进行实践检验与能力拓展的过程。它是体验式活动课教育的最终归宿与价值体现，强调学以致用、知行合一。通过行动，学生能够在真实的生活与学习情境中巩固所学知识，提高实践能力，培养创新精神与社会责任感。例如，在环保宣传体验式活动课中，学生在学习了环保知识，进行了相关反思与理论化后，积极参与社区环保宣传活动，制作环保宣传海报、组织环保公益讲座、开展垃圾分类指导等。这种行动不仅能够为环境保护贡献力量，而且能够让学生在实践中进一步深化对环保理念的理解与认同，提升自身的综合素质与社会影响力。

2. 关键环节的关系

在体验、反思、理论化、行动四个环节构成的有机整体中，每一个环节都发挥着不可或缺的作用，都会对最终的教育结果产生深远影响。四个环节中，体验是基础，为反思提供素材与感性认识；反思是关键，将体验引向深入，为理论化搭建桥梁；理论化是核心，将零散的体验与反思成果整合为系统的知识体系，为行动提供理论指导；行动是目的，检验并拓展体验、反思与理论化的成果，同时又为新的体验提供契机与动力。四个环节循环往复、螺旋上升，构成了一个完整的学习与成长循环，使学生在体验式学习中逐步提升自身的综合素质与能力水平。倘若我们在教学过程中，不能妥善地处理好每一个环节，哪怕活动设计得看似精彩纷呈，也极有可能被学生视作无聊的、毫无价值的形式主义，无法真正发挥体验式活动课应有的教育功效。只有用心把握好每个环节，让它们环环相扣、协同发力，才能让体验式活动课成为助力学生成长的有力教育工具，为学生的全面发展注入源源不断的动力。

（二）评估与调整活动方案

在充分了解学生能水平的前提下，根据学生的能力水平，设计难度适当但又不脱离其成长圈的活动方案。设计方案时要考虑学生的身心情况是否能够适应、什么活动顺序才能保证最佳效果、可能会出现哪些意外、如何围绕目标预设引导提问、如何总结这次活动体验等问题。在设计方案的过程中，班主任要尽可能多考虑，事先多搜集信息以确保活动课的整体性，尽可能多地给学生提供学习和分享的机会和平台，使之能通过活动达成较高的学习目标。在活动最后，班主任要带领学生重温所学、所思、所想，总结重点，分享心得感悟，交换意见，使学生能从经验中获取价值，给学生制造反思的机会，促使学生能把课上体验、反思、学习到的方式、方法落实到学习与生活中。

第三章

初中体验式活动课的实施

第一节　初中体验式活动课的实施原则

一、赋予学生话语权

每个学生都能用话语表达思想、情感或态度,但在实际教学过程中并非每个学生都拥有话语权。赋予学生话语权意味着给予他们表达自己想法、观点和感受的机会与权利。学生的话语权是衡量学生在课堂上主体地位是否得到尊重或体现的重要标志。当学生被允许畅所欲言时,课堂便不再是教师的一言堂,而是变成了思想碰撞的活跃场所。但是,有些班主任在班会、队会等思政教学中只要一遇到问题,就以过来人或长辈的姿态自居,教育过程往往变成了教师一个人的"独角戏",学生只能被动接受,没有权利提出自己的见解或疑问;有的班主任虽然给予了学生表达的机会,但是学生刚说完,甚至还没说完,就着急给予判断,只要学生回答的答案与教师预设的想法不一致就是错误的,这在本质上间接剥夺了学生话语权。

(一) 对学生个体发展的价值

首先,有助于促进学生思维发展。当学生拥有话语权时,他们能够表达自己的观点、想法和疑问。例如,在课堂讨论中,学生可以分享自己对体验活动的独特感受。这一表达过程促使学生将模糊的想法清晰化,在组织语言的同时梳理思维逻辑。不同学生观点的碰撞可以激发他们进一步思考,比如在对同一个体验现象的讨论中,有的学生会从经济角度分析,有的学生会从文化角度阐述,多元的观点交流可以让学生跳出自己的思维局限,拓展思考的深度和广度。

其次,有助于增强学生的自信心和自我认同。一方面,学生在班级、学校等场合表达自己并且得到尊重和回应,会感受到自身的价值和存在感,从而增强自信心。比如,当一个平时比较内向的学生提出自己对体验活动的新颖见解,并且得到老师和同学的肯定时,他会逐渐建立起自信心,可能会变得开朗、积极,更愿意主动参与学习和班级活动。另一方面,学生通过话语表达自己的兴趣、特长等内容,有助于他们更好地认识自己,为个人的成长规划提供依据。比如,在分享自己的兴趣爱好的活动中,学生在阐述为什么喜欢绘画或者音乐的同时也在进一步明确自己的喜好和优势,在表达中探索自己的职业理想、人生目标,从而增强自我认同。

最后,有助于培养学生的社会责任感和公民意识。一方面,学生在学校中学会表达自己的观点并且参与讨论决策,是培养其社会责任感的重要环节。例如,在班级组织校园环境建设的讨论中,学生通过发言表达自己对改善绿化、设施等方面的建议,增强社会参与感。另一方面,积极参与社会事务的讨论和决策,倾听他人意见并合理表达自己观点的学生,将来更有可能成为有担当、有民主意识的公民。

(二) 对构建班级集体生态的重要性

首先,可以帮助班主任更好地了解学生。通过学生的话语,教师可以了解学生对某些问题的观点和价值判断,还能了解学生的学习需求和兴趣点。例如,在六年级"猜猜我是谁"体验活动中,学生进行自我介绍的环节,不仅可以加速学生之间的相互了解,更可以帮助班主任快速发现和掌握学生的个性特点。

其次,有助于营造民主平等的班级氛围。赋予学生话语权体现了师生之间的平等关系。在课堂上,学生和教师都有权利表达观点,这样平等的氛围有助于打破传统的权威式教育模式,让学生在民主的环境中成长。这种民主平等的氛围还会延伸到学生之间。在讨论问题时,学生应学会尊重彼此的观点,培养平等交流的意识和能力。

体验式活动课的反思与理论化环节需要师生互动,而话语是师生互动的媒介和工具。班主任要避免独享话语权,适当"示弱",给予学生平等表达的时间和空间,鼓励学生从"被动听"的模式中走出来,开始"主动说"。

一方面,班主任要帮助学生构建自己的话语体系。体验式活动课中,学生是行动者,是体验的主体,教师应该帮助学生形成自己独特的和富有个性的思考、理解和表达,建构自己的话语权体系。另一方面,要营造宽松、民主、平等的课堂氛围,让学生在心理上感到安全,不用担心因说错话而受到批评或嘲笑。此外,还需要构建合理的评价机制,将学生的课堂参与积极性、表达能力等纳入评价体系,激励学生积极行使自己的话语权。

赋予学生话语权是一场深刻的变革。它打破了传统教育的束缚,让学生成为学习的主人,为他们的全面发展和未来的社会适应能力奠定了坚实的基础。只有当学生的话语权得到充分保障和发挥,教育才能真正焕发出蓬勃的生机与活力,才能培养出具有创新精神、独立思考能力和良好沟通协作能力的新时代人才。

二、尊重学生选择权

人生面临无数选择——小至衣食住行,大至未来职业选择或人生方向。各种日常决策应是培养自主选择能力的训练场,因为选择权不仅是每个人的基本权利,更是其成长的核心养料。

然而,在现实中学生的选择空间常被剥夺或者被漠视。满满当当的课程、统一的流程安排,导致没有时间、没有条件供学生去选择,大多数情况下学生只有服从的份,缺乏探索的机会。当青少年长期困在"无需选择"的温室里,表面上看,他们好像避免了因为做错选择而带来的风险,可实际上,这却把他们决策能力的"小种子"给扼杀了。等到他们真正要面对人生中的重大选择时,就算手里握着选择权,也不知道该如何决策。

（一）对学生个体发展的价值

首先,尊重学生选择权有助于促进学生个性发展。每个学生都有自己独特的兴趣、爱好和天赋,尊重学生的选择权,让他们根据自己的喜好选择学习内容、活动方式等。例如,在艺术课程中,有的学生对绘画感兴趣,有的学生则热衷于音乐,如果给予他们选择的权利,他们就能在自己热爱的领域深入学习,更好地发挥自己的特长,从而促进个性的形成和发展。不同的选择还能培养学生不同的个性品质。选择具有挑战性的学术竞赛可以锻炼学生的竞争意识和坚韧不拔的毅力;选择参与志愿服务活动可以培养学生的社会关怀和责任感,使他们的个性更加丰满、多元。

其次,尊重学生选择权有助于增强学生自主意识和责任感。当学生能够自主选择时,他们会对自己的选择负责。例如,在选择参加某个社团后,学生需要遵守社团的活动安排,完成社团安排的任务。这种自主选择的过程让他们意识到自己的行为会产生相应的后果,从而逐渐培养起自主意识和责任感。学生在做出选择的过程中,需要权衡各种因素,这有助于他们学会独立思考。比如,在选择高中文、理科时,他们要考虑自己的学科优势、未来职业规划等诸多因素,这一思考过程能够锻炼他们的自主决策能力。

最后,尊重学生选择权有助于提升学生生涯规划力。教师在体验式活动课的行动环节,引导学生了解不同职业的特点与要求,帮助他们通过职业体验、实习实践、人物访谈等方式,深入探索自己的职业兴趣与能力倾向。例如,学校可以组织学生走进企业、工厂、医院、科研机构等不同的工作场所进行职业体验。学生在企业中可以了解市场营销、财务管理、人力资源管理等不同岗位的工作内容与职业素养要求;在工厂里能够亲身体验生产制造、技术研发、质量控制等环节的运作流程;在医院则可以观察医生、护士、药剂师等医务人员的日常工作,感受救死扶伤的神圣使命;在科研机构中,学生有机会与科研人员交流合作,参与一些基础的科研项目,体会科学研究的严谨性与创新性。通过丰富多样的职业体验活动,学生能够更加直观地认识不同职业的魅力与挑战,在面临升学专业选择与未来职业规划时,做出符合自己内心需求与实际情况的决策。当学生能够自主选择自己热爱且擅长的职业道路时,他们在未来的工作中将更具动力与创造力,更有可能取得优异的成绩与成就,实现自己的人生价值。

（二）对构建班级集体生态的重要性

首先,有助于班级营造民主氛围。学校和班级是社会的缩影,尊重学生的选择权是民主教育的重要体现。学生若在班级活动中体验到了自主选择的权利,便会更可能将这种民主意识带入今后的班级生活乃至社会活动中。例如,在学校的选举活动或者社团决策过程中,学生通过行使自己的选择权,学会民主参与的程序和规则。这种民主意识和参与能力有助于他们未来积极参与社会事务,如在社区建设、公共政策讨论等活动中发挥作用，为社会的民主进程和公共事务管理作出贡献。

其次，有助于班级特色和班风的形成。初中生的自主意识不断增强，他们具有独立的个性，不盲从、不苟同，面对问题有一套自己的理解及解决问题的方法，他们希望自己的事情自己处理，也希望自己的选择得到尊重。学生在自主选择的过程中，不仅锻炼了自己适应变化的能力，还能学会在众多意见或选择中，做出最适合自己的决定。这也是班级建设过程中班级特色或班风形成的重要基础。

学生有了选择权，就可以主动参与学习过程。比如在活动反思和理论讨论环节，他们可以提问、发表见解。这种积极的参与会让他们觉得自己是学习的主人，而不是被动的接受者。当学生的意见被采纳，如在小组活动的策划中，他们提出的活动形式被小组采纳，会让他们对学习活动产生更强的责任感和积极性，从而提高学习动力。

当然，尊重学生选择权并不意味着教育的放任自流。教育者在其中扮演着重要的引导者与支持者的角色。教师需要了解每个学生的特点、兴趣与需求，为他们提供个性化的指导与建议。在学生面临选择困惑时，教师应凭借自己的专业知识与教育经验，帮助学生分析各种选择的利弊，引导他们理性思考、综合考量。同时，学校也应建立完善的教育资源平台与保障机制，为学生提供丰富的课程资源、活动资源以及师资支持,确保学生的选择权能够得到切实有效的落实。例如,学校可以加强与高校、企业、社会机构的合作,拓展课程资源与实践基地;加强师资队伍建设,提高教师的综合素质与指导能力,使教师能够更好地适应学生个性化发展的教育需求。

尊重学生选择权体现了教育以人为本的理念。在这样的班级环境中,学生们如同茁壮成长的幼苗,自由伸展,绽放独特光彩。尊重学生的选择权将促使他们成长为具有独立思考能力、创新精神与社会责任感的新时代栋梁之材。

三、给予学生试错权

美国著名的教育心理学家桑代克曾做过许多动物学习的实验,并用以解释学习的实质与机制。其中,让饿猫逃出"问题箱"的实验是他的经典实验之一。具体实验情况是这样的:在桑代克用木条钉成的箱子里,有一个能打开门的脚踏板;当门开启后,猫即可逃出箱子,并能得到箱子外的奖赏——鱼。实验开始,饿猫刚开始进入箱子后,只是无目的地乱咬、乱撞,后来偶然碰上脚踏板,饿猫打开箱门,逃出箱子,得到了食物。接着第二次,再把饿猫关在箱子中,如此多次重复。最后,猫只要一进入箱中即能打开箱门。桑代克据此认为,学习的实质就是有机体形成"刺激"与"反应"之间的联结。他明确地指出,"学习即联结,心即一个人的联结系统"。同时,他还认为学习的过程是一种渐进的尝试错误的过程。在这个过程中，无关的错误反应逐渐减少，而正确的反应最终形成。[①]

在初中生成长过程中，试错是探索真理的有效途径。体验活动更是一个充满试错的过程。学生在体验活动时，可能会因为表达错误、操作不当、缺乏团队合作等各种原因导致活动失败。每一次试错都是一次积累，虽然可能会碰壁，但每一次碰撞都让学生离正确的道路更近，有助于培养他们的自信心和坚韧精神。给予学生试错权在教育领域和学生成长过程中有着极其重要的意义。

(一) 对学生个人成长的价值

首先，试错是学生获取知识与技能的一种方法。从知识获取角度来看，试错是学习新知识的有效途径。例如，在体验活动中，学生可能会尝试用错误的方法去解决问题，在发现错误后，他们能更深刻地理解正确的解决问题思路。这种学习方式如同在大脑中建立"纠错机制"，让知识的记忆和理解更加牢固。在技能培养方面，试错权尤为重要。以学习乐器为例，学生在练习过程中可能会出现节奏把握不准等情况。允许他们出错，让他们在不断的尝试和调整中，逐渐掌握正确的演奏技巧，这一过程远比直接告诉他们正确的方法更能让他们熟练掌握技能。

[①] 祝红."试误说"在教学中的运用[J].管理观察,2008(10).

其次,能培养学生独立思考和解决问题的能力。当学生被允许犯错时,他们需要独立思考错误产生的原因。比如在做实验时,实验结果与预期不符,学生通过自己思考、查阅资料、与同学讨论等方式来分析是实验步骤出错、实验材料有问题还是理论假设本身存在缺陷。这种独立思考的过程能够锻炼他们的思维能力。试错后的纠错过程是培养学生解决问题能力的关键环节。学生在面对自己的错误时,会尝试各种方法去修正。比如团队合作的"建塔"体验活动,让学生探究"怎样合理使用材料,将塔搭得又稳又高"。只有通过不断尝试,学生才能积累经验,完成任务,从而培养解决问题的能力。

再次,有助于增强学生心理韧性。经历试错过程可以增强学生的心理韧性。学生在学习生活中难免会遇到挫折,如游戏失败、输掉竞赛等。如果他们被允许犯错,就会明白这些挫折是成长的一部分。在不断从错误中站起来的过程中,他们能够逐渐适应挫折,增强心理承受能力。当学生通过错误分析实现认知突破时,其自我效能感会获得显著增强。在应对实践性挑战的过程中,个体经历策略试错、路径修正到目标达成的完整闭环,这种渐进式突破会强化心理韧性,进而在面对新挑战时展现出更积极的应对倾向。例如,学生在制作手工模型时,一开始总是失败,但经过多次尝试后终于成功,这种成就感会让他们相信自己有能力克服困难,从而在面对其他挑战时更加自信。

（二）对构建班级集体生态的重要性

创新往往伴随着大量的试错。如果学生不被允许犯错，他们可能会因为害怕犯错而不敢创新。允许学生犯错，鼓励学生突破传统思维的束缚，有助于学生形成敢于创新的意识，久而久之，创新就会成为班级良好的风气。例如，在设计创意作品时，学生可能会尝试一些奇特的材料组合或造型设计，即使这些尝试可能会失败，但正是这种勇于试错的精神为创新提供了土壤。学生在这种环境中更敢于创新。

在学校阶段培养起来的试错精神还能够让学生在踏入社会之后积极参与新的行业、新的商业模式等创新活动，为社会的持续创新和发展提供动力。

教师要用宽容的心态对待学生的错误，要允许学生犯错。在学生参与体验活动并进行反思的时候，他们难免会出现不知道如何表达，或者说的意思和自己想表达的不一样的情况。倘若教师和周围的人都能鼓励他们大胆去说，别因为怕犯"错"就不敢张嘴，那学生就能慢慢从"错误"里学到东西。每一次说"错"话、做"错"事，其实都是他们进步的好机会。有了这样的经历，学生就能明白，挫折和失败是成长过程中肯定会遇到的。之后他们再面对错误，就能更从容、更自信，还能养成遇到困难不轻易放弃的精神。

在学生尝试与犯错的学习过程中，教师不应袖手旁观，而应扮演积极的引导者角色。当学生给出错误答案时,教师应避免即时批评,转而采用启发式教学,引导他们探究错误背后的原因。以"铁钉挑战"体验式活动为例,该活动要求学生不借助任何外力,将12根铁钉稳定地立于1根钉子之上。当学生多次尝试未果时,教师可适时提供思路上的点拨,如:"或许我们可以思考一下,如何均匀地分布这些铁钉,以达到一种相对的平衡状态?"通过这样的引导,帮助学生克服困难,体验成功的喜悦。

此外,鼓励学生进行自我反思是提升其学习能力的关键步骤。在"报告,我错了"这一体验式活动中,规则设定为教师报出一个数字,学生需迅速做出相应动作;若动作与数字不符,学生需主动举手并大声报告:"我做错了!"若错误较多,则每位学生需依次报告,以此强化自我认知。每轮活动结束后,全班学生对勇于承认错误的学生报以掌声,营造正面激励的氛围。活动过程中,若有学生因害怕或侥幸心理而未能主动报告错误,教师应通过一系列启发性问题加以引导,如:"为什么你没有站出来承认错误呢?""如果再有一次机会,你会如何处理?""站出来承认错误后,你觉得会有什么不同?"。这些问题旨在帮助学生理清思路,在一个安全、包容的环境中正视并改正自己的错误,从而促进其个人成长和学习进步。

体验式活动课上,学生会磕磕碰碰,偶尔也会担心、会怀疑,但要允许学生试错和失败,引导和推动学生思考、学习、体会。这样,学生自然就会有收获,而这恰恰也是我们作为班主任希望在学生身上看到的。

第二节 初中体验式活动课的主要实施环节

一、情境导入阶段

情境导入是初中体验式活动课的开篇环节,其目的在于迅速吸引学生的注意力,激发学生的参与热情,为后续的体验活动营造良好的氛围。良好的情境导入能够将学生从日常的学习状态迅速带入特定的体验情境中,使他们在情感上产生共鸣,在认知上形成冲突,或产生期待,从而更加积极主动地投入即将开展的体验活动。它为整个体验式活动课奠定了情感与认知的基础,如同戏剧的序幕,吸引观众走进故事,为后续情节的展开作好铺垫。

教师可以采用多种方式创设情境。在每一次正式活动之前,教师可通过设置关联的情境作为导入环节,向学生说明即将进行的活动情境,用简洁的语言说明活动规则,突出重点。情境设置可以采用以下方法。

（一）生活情境导入

为增强学生对活动的期待,并促进教育目标的达成,教师可设计与学生实际生活紧密相关的问题情境或故事场景,运用隐喻手法,在活动开始前就让学生沉浸于精心营造的情境之中。以"劳动最光荣"为主题的体验式活动课为例,在情境引入阶段,教师可围绕班级值日生工作中遇到的问题,设置这样一个情境故事:

周一放学铃声响起,校园渐渐安静下来,教室里只剩下小张和小王在做值日。小张拎着扫把,漫不经心地扫着,扫过之处仍有纸屑残留。小王负责拖地以及擦黑板,擦完的黑板虽没了粉笔字,却一片白茫茫;水桶被他粗暴地拖来拖去,水溅得到处都是。第二天,班级的卫生分果然被扣了。

这个情境故事能引发学生对值日生问题的关注,引导学生探讨劳动的意义和价值,激发他们的情感共鸣。

（二）故事导入

故事,以其独特的魅力和趣味性,如同磁石一般吸引着学生的心灵,激发他们的情感共鸣,使其能够轻松融入特定的情境之中。同时,故事中所蕴含的深刻道理和启示,犹如宝贵的思维火花,为学生提供了丰富的思考素材,帮助他们更深刻地理解体验活动课的主题与目标,点燃他们参与活动的内在热情。

教师在选择与体验活动课主题相契合的故事时,可以广泛运用

历史故事、寓言故事、名人轶事以及真实生活中的感人故事等。以主
题为"勇气与挑战"的体验活动课为例,教师可以讲述探险家哥伦布
克服重重艰难险阻,最终发现新大陆的故事。在讲述过程中,教师应
充分运用生动形象的语言、丰富的表情以及恰当的肢体动作,将故事
中的情节和人物形象栩栩如生地呈现在学生眼前,增强故事的感染
力和吸引力。

故事讲完后,教师应适时引导学生深入思考故事中人物所展现
的勇气以及他们面对挑战时的坚定态度。通过这一环节,教师可以
自然而然地引出体验式活动课的主题与内容。例如,教师可以组织
学生分组讨论,让他们回顾自己在生活中遇到过哪些需要勇气去挑
战的事情,并鼓励大家分享自己的亲身经历与内心感受。这样的讨
论不仅能够加深学生对"勇气与挑战"主题的理解,还能激发他们的
参与热情,为活动目标的落实奠定坚实的基础。

(三) 问题导入

问题导入作为一种高效的教育策略,能够直接触动学生的思维
神经,促使他们主动思考、勇于探索。围绕精心设计的问题进行深入
思考与讨论,学生不仅能够清晰地认识到自己在知识掌握上的不足,
还会在体验活动中怀揣着寻找答案的强烈意愿,从而大大提高他们
对后续活动内容的关注度和学习积极性。

教师在设计体验活动课的教育内容时,应充分发挥问题导入的

优势,提出一个或一系列既具有启发性又充满挑战性的问题。这些问题应紧密围绕活动主题,引导学生深入思考、积极探索。

(四) 多媒体导入

多媒体资源以其直观、形象、生动的特性,为学生提供了丰富多彩的视觉和听觉盛宴,使他们仿佛置身于真实的情境之中。这种独特的导入方式能够在短时间内迅速传递大量信息,拓宽学生的视野,快速将学生引领进特定的情境氛围,为体验式活动课的顺利开展奠定坚实的情感和认知基础。教师在设计体验活动课时,可以充分利用图片、视频、音频等多媒体资源创设情境,激发学生的兴趣和参与度。

(五) 实物展示导入

实物展示作为一种直观的教学手段,能够让学生直接与学习对象亲密接触,极大地增强他们的感性认识。通过观察、触摸等亲身体验,学生能够更直观地了解事物的特征,这种近距离的接触能有效激发他们的好奇心和求知欲,促使他们更加积极地投入后续的体验活动,深入探究实物蕴含的知识和育人价值。教师在课堂上展示与体验活动主题相关的实物,可以用情境渲染、直觉体验点燃学生情感的火花。

以"感恩父母"为主题的体验活动为例,班主任在导入环节设计了"珍藏的记忆"这一热身环节,通过展示学生以前的家庭照片,瞬间吸引了学生的注意。

伴随着美妙动听的音乐,学生们轮流展示着自己和父母的合照,并讲述照片背后的故事,随着娓娓道来的一个又一个故事,家庭的幸福瞬间、美好回忆、温馨氛围在课堂上得到了充分的展现,记忆之门被悄然开启。

这样的实物展示不仅让学生感受到了家庭的温暖和幸福,还激发了他们对父母的感恩之情,为后续的体验活动奠定了坚实的情感基础。通过亲身体验和情感共鸣,学生将更加深入地参与活动,用心去感受、去体会、去表达自己对父母的感恩之情。

教师在设计体验活动时,应充分考虑实物展示的运用,通过触发学生的感官体验,点燃他们的求知热情,让课堂变得更加生动有趣。

(六) 角色扮演导入

角色扮演是一种极具魅力的教学方法,它能让学生亲身融入特定情境,深切体会人物的情感与心理状态,增强他们对体验活动主题的理解和记忆。这一过程中,学生的语言表达能力、表演才能以及团队协作能力都能得到全面锻炼,课堂氛围也因此变得更加活跃,学生的学习兴趣和参与度显著提升。在设计体验活动时,教师可以巧妙地设定一个与主题紧密相关的情境,并邀请学生扮演其中的角色。

（七）悬念导入

悬念导入能够紧紧抓住学生的注意力，他们会迫切地想要知道答案。这种好奇心会驱使学生积极参与体验活动，在活动过程中努力寻找解开悬念的线索，从而提高学生的学习主动性和探索精神，使整个体验活动课充满吸引力和趣味性。

教师在体验活动课开始时可设置一个悬念，以引起学生的好奇心。悬念导入，不仅能够极大地激发学生的参与热情，让他们以更加积极主动的态度投入接下来的活动，还能够为活动的顺利开展奠定充满趣味性和探索性的基调，让体验过程变得生动、有趣，充满意义。

二、体验活动阶段

体验活动是初中体验式活动课的核心环节，学生在此环节中通过亲身参与各种活动，获得直接经验与深刻感悟。

（一）体验活动要与教育目标紧密结合

体验式活动课并非随意开展，而是需紧密围绕教育目标设计。只有如此，才能真正发挥育人功效，助力学生全面发展。以培养学生的团队协作能力为例，若将此作为教育目标，教师可选择设计拔河比赛作为体验活动，鼓励学生积极参与拔河活动，激发团队完成目标的潜能和动机，帮助学生在活动过程中亲身体验情感，并引导学生用积极、正向的态度和方法来应对挑战,寻求解决问题的途径。在比赛过程中,学生们为了共同的目标——赢得胜利,会自发地分工协作,有的负责喊口号统一节奏,有的专注于发力技巧。当遇到强劲的对手时,大家相互鼓励、毫不气馁,共同寻找应对之策。

通过这样的活动,学生们能深刻体会团队协作的力量,明白个人与团队的紧密关系,进而在日后的学习和生活中更懂得与他人合作,从而实现教育目标。倘若体验活动与教育目标脱节,只是单纯让学生做活动,那就无法达到培养学生特定能力的目的,体验式活动课也就失去了其应有的教育价值。

(二) 体验活动要求必须明确清晰

第一,教师要明确告知学生体验活动的步骤和规则。详细的活动步骤说明能让学生很快理解游戏的玩法。体验规则必须明确、简单易懂,可以设定胜负标准,对违反规则的情况还可以设置一定的惩罚措施。

第二,在团队活动中要规定学生的参与方式。团队活动要明确分组方式和小组人数。比如可以规定按照座位就近原则分组,规定每组人数,或者采用随机分组的方式,通过抽签来确定小组成员,以保证游戏的公平性和多样性。在有角色设定的活动中,要明确每个角色的职责。在团队合作活动中,除了明确角色职责,还要规定团队成员之间的协作方式。

第三，活动过程中遇到特殊情况，教师要及时介入处理。在团队竞赛活动中，为防止团队成员之间出现不合理的争议或矛盾，规则可以规定由裁判（教师或指定的学生）进行调解，并且要明确调解的原则，如根据公平性原则和团队合作的初衷来处理争议。

（三）教师要全程关注每一个学生的变化

在活动过程中，教师要全情投入，带领学生积极投入活动，让其享受学习的乐趣。要注意观察学生的眼神、表情、行为，留意他们紧张、好奇、焦虑等情绪。活动挑战的难度设置应遵循适度原则，过易无法激发学生的成就感和动机，太难则会引起学生的自我怀疑和挫败感，所以要设计适当的挑战或情境，根据学生的情况进行适度调整，激发学生持续投入的动机，提升他们对所在团队的信心、凝聚力和责任感。

活动体验是个开放的过程，可以让学生在实践中学、体验中学，边做边学。其中，学生是活动情境的主体，教师是活动的引领者。活动过程中常有各种预料不及的突发的状况，面对各种活动中的生成，教师要及时介入，运用教育智慧重新聚焦学习重点，避免学生对活动积累太多的挫败感，适时激发学生的兴趣和信心，同时不强调竞争，更看重合作，尤其是挑战活动，学生难免会把"输赢"看得比"个人和团队成长"更重要。教师应明确，体验活动的过程是引导学生"与时间竞争与自我成长竞争"的过程，强调与个人以前的表现、努力程度进行比较,学习的焦点是自我察觉和探索,以及对规则和价值观的理解与思考。

(四) 体验活动应着重助力学生多元能力提升

体验活动将人际交往力、独立判断力、参与班级生活的内生动力和行动力、生涯规划力等方面能力培养作为重要教育内容。在团队合作的活动中,教师要指导学生根据需要分工协作,提升学生的团队合作能力、沟通能力和领导能力。

以九年级学生为例,面对学业的重负和即将来临的学校活动,不少学生感到茫然无措,既不知如何确定处理事务的先后顺序,也不清楚如何合理分配精力以兼顾学习与活动。针对这一困境,我们设计了一项以"抓住事情关键点"为核心的"心有千千结"体验活动。该活动精心模拟了多任务处理的真实情境,需要学生们"解开"由自己和同伴手牵手变换位置所构成的复杂手结。在解手结的过程中,学生们尝试了钻、绕、转等多种方法,他们不断调整策略,直至找到最优解。这种在实践中不断探索解决问题策略的过程,不仅增强了他们的应变能力,还激发了他们的创新思维。同时,解结过程中的相互支持、鼓励,共同面对挑战,充分展现了学生们的团队精神。为了解开那些错综复杂的结,学生们需要频繁沟通、协调动作,这无疑极大地锻炼了他们的沟通协调能力,也培养了他们面对困难时勇往直前、不退缩的积极心态。在活动中,学生们学会了在面对纷繁复杂的问题时,首先要冷静分析,准确识别问题的关键节点,再有条不紊地拆解,寻找最有效的解决方案。

三、价值澄清阶段

价值澄清阶段是帮助学生在体验活动中,通过对自身价值观的思考、分析和选择,来构建自己的道德判断标准和行为准则的过程。在体验活动中,价值澄清可以使学生在经历各种活动环节后,梳理自己内心的感受,挖掘潜在的价值观念,并使其清晰化。

(一) 体验活动中价值澄清的作用

第一,自我认知的提升。通过价值澄清,学生能够深入了解自己的内心世界。在体验活动中,他们会接触到不同的情境和挑战,从而发现自己在面对困难、合作、竞争等情况时的真实想法和态度。

第二,价值观的塑造与巩固。体验活动为学生提供了一个实践价值观的平台。当他们在活动中经历各种事件后,能够对自己已有的价值观进行验证和强化,或者对新的价值观进行探索和接纳。比如,在参与志愿者服务体验活动中,学生可以通过帮助他人的实际行动,更加坚定自己"关爱他人、回馈社会"的价值观。同时,也可能会因为接触到不同的社会需求而形成新的价值观。

第三,增进彼此理解。在集体体验活动中,价值澄清过程可以促进参与者之间的相互理解。当大家分享自己在活动中的价值思考时，会发现不同的人有不同的价值观，从而增进对他人的理解。

第四，提升团队协作能力。了解团队成员的价值观有助于在体验活动中更好地协作。当团队成员明确彼此在任务、责任、沟通等方面的价值观念后，能够更加合理地分工和协调。

初中生正处于价值观形成的重要阶段，通过价值澄清环节，能够帮助学生在复杂多变的社会现象与多元的文化冲击下辨别是非善恶，明确自己的价值取向。这有助于学生社会责任感、道德感与正义感的培养，使他们在未来的学习、生活与社会交往中，能够以正确的价值观为导向，做出合理的行为选择。

（二）价值澄清阶段的教学主要环节

价值澄清阶段主要包含反思和理论化这两个紧密相连的环节。实际上，反思的过程同时也是理论化的过程，而理论化的结果则是反思不断深入、逐步推演得来的。在这一阶段，主要的教学形式是问题讨论。教师会通过巧妙地引导提问，促使学生积极思考，对他们在活动中所获得的相关学习经验进行澄清与验证。这种方式能够激发学生的智慧，让他们学会群策群力，掌握合作学习的方法。具体来说，在体验式活动结束后，教师会通过一系列连续的，有层次、有结构的引导提问，帮助学生进行反思学习。比如，引导学生回忆活动中的现象或自己的感受，并用语言详细描述具体的现象或事物。像"在活动中发生了什么""我们做了什么才取得了这样的成绩""我们采用了哪些方法和策略""有什么感受和体会"等。在问答、沟通、验证、思考的过程中,学生能够整理自己在体验之后的经验和感受,从而赋予这些经历独有的意义,实现学习的价值,这就是理论化的过程。通过这样的方式,可以促进学生的全方位学习,鼓励他们拓展学习空间,去体验课本以外的知识、待人接物的态度以及处世技巧等。

问题引导链是价值澄清阶段的主要形式。教师在实施活动时需要提前设计问题引导链,并根据活动现场情况和学生思考状态进行即时调整。引导链问题的设计要求如下:

1. 以活动主题为核心构建价值澄清框架

问题引导链的设计必须紧密围绕活动主题展开,并以此为核心搭建一个清晰、系统的价值澄清框架。活动主题是整个体验活动的灵魂所在,所有的问题都应当服务于对活动主题所蕴含价值的深入挖掘与澄清。

2. 建立价值澄清问题之间的逻辑联系

建立问题之间的逻辑联系是引导学生深度思考、促进有效学习与成功活动推进的关键。起始问题点燃思维的火花,后续问题如接力般层层递进,或前因后果的严谨推导,或呈并列铺陈的多元视角,抑或循逐步深入的螺旋上升路径。逻辑联系确保了整个问题链带领学生从表层认知,逐步发展到全面、透彻且系统的理解与感悟之境,为知识的建构、技能的掌握以及情感的升华搭建起稳固而坚实的桥梁。价值澄清问题之间的逻辑联系主要有：(1)因果关系逻辑,前一个问题的答案可以成为后一个问题的原因或者前提;(2)递进关系逻辑,问题的深度和复杂程度逐步增加;(3)并列关系逻辑,从不同角度探讨同一主题。

3. 活动现场即时跟进提问

在活动体验过程中,每一个瞬间都蕴含着无限的探索可能,而活动现场即时跟进提问则是捕捉这些瞬间、激发思维火花的有力武器。教师要有捕捉这些信息的敏锐性,深入观察活动的每一个细节,实时挖掘其中的关键信息与潜在思考点。教师可以对学生的现场表现进行追问,或者针对活动中的突发状况或出现的新现象进行探询。这些即时跟进的问题都能迅速地将参与者的注意力聚焦,促使他们即刻调动大脑的认知资源,进行快速思考与回应。这样的提问方式不仅能够让活动现场的气氛更加活跃与热烈,还能确保每一个重要的环节、每一个有价值的细节都不被忽视,从而引导学生更加深入地沉浸于活动之中,在即时的思考与交流中收获更为丰富、更为深刻的体验与感悟,使活动的价值在动态的互动中得到最大程度彰显。活动现场即时跟进提问有以下方法。

(1)凭借直观感受的跟进提问

人的情感常常会被直观刺激所激发,如眼睛所见、耳朵所闻、身体所触等。在体验式活动教育中,如果我们的体验是一种直观的体验,那么一定能迅速激发体验对象的情感,有利于体验目标的实现。在引导提问过程中,我们往往会采用记忆型提问和重复型提问,帮助学生回忆体验过程中的一些细节,从而加强学生的直观感受。

(2)抓住情感变化的跟进提问

美国心理学家霍夫曼的研究揭示,情感是认知加工过程的推动力量,在不同的情境中,情感会对认知加工起不同的作用。情感可以为社会认知输入信号,一个人可以从自己的情感体验到别人相同的情感体验,从别人的外在情绪反应判断其内心的情感体验,这有助于观察和评价他人的行为。情感的积极或消极的状态,往往影响活动的有效性和解决问题的效率。在引导提问的过程中,抓住学生的情感变化,增设一些关注学生情感体验的理解型提问和评价型提问有助于强化体验式活动的教育效果。教师应呼唤学生已有的知识和经验,激发其内心情感,引导学生将其与相应的道德要求结合,做出应有的道德行为,从而做到通情达理、知行合一。

四、行动拓展阶段

行动拓展阶段是初中体验式活动课极为重要的延伸与升华部分,有着独特且深远的意义。它聚焦于一个核心目标,即将学生在课堂体验活动中逐步积累、形成的丰富知识、熟练技能以及初步构建的价值观,切实应用到实际生活场景之中,全力促成知行合一的理想教育境界。

(一) 联系生活的共情转换

教师如果可以把握时机,把学生活动中的体验和问题思考后体会到的深刻而丰富的经验转换为学生个人素质、价值观、态度及处理问题的技巧,这样的体验式活动课会给学生带来更有意义的成长。因此,教师要将活动中观察到的现象或者某些体会和现实生活相联系,让学生思考生活中是否也发生过类似的情况,是否有过类似的感觉。例如,教师可以提问:"刚才发生的事在生活或学习中有没有可能发生? 能举个例子吗? 这代表了什么? 这让我们联想到什么?"在此基础上进行梳理归纳,将活动中的经验与生活共情转换,进而能使活动中的经验运用到真实情境中。

这一环节巧妙且有力地打破了传统课堂教学所固有的局限。它宛如一座桥梁,将原本局限于教室四壁之内的教育教学活动,顺畅地延伸到学生丰富多彩的日常生活以及广阔复杂的社会环境。如此一来,学生能够真切而深刻地认识到,自己在课堂中所汲取的知识以及所领悟的价值观绝非仅仅停留在抽象理论层面的空洞概念,而是与每日所经历的实际生活紧密交织、息息相关。这种紧密的联系使得学生能够以更为深入、透彻的方式去理解并巩固在体验式活动课中所收获的宝贵成果。与此同时,借助行动拓展环节所提供的实践机会,学生得以在不断的实践过程中持续积累丰富多样的经验,稳步提升自身的实践能力,全方位地塑造与完善自身的综合素质,为他们逐步成长为具备强烈社会责任感与卓越创新精神的合格公民,奠定坚实而牢固的基础。

(二)课外实践活动

行动拓展的具体表现形式丰富多样,其中课后实践作业便是极为常见且有效的一种。例如,在以"关爱他人"为主题的体验式活动课圆满结束之后,教师会精心布置一项特别的课后任务,要求学生在一周的时间内,主动为自己的家人或者社区中那些需要关爱的孤寡老人实实在在地做三件充满爱心的事情,并且细致地将整个过程记录下来。这一举措能够极为有效地促使学生将课堂上所学到的关爱他人的抽象理念,成功地转化为具体可感的实际行动,使他们在亲身实践的过程中,进一步深刻地体会关爱他人这一行为所带来的独特快乐与内心深处的满足感。

此外,组织学生积极参与社区公益活动也是行动拓展的重要形式之一。例如,在"环保行动"主题课顺利完成之后,学校会有计划地组织学生投身社区垃圾分类宣传与监督活动。在这样的活动中,学生们能够站在一个更为广阔的社会平台之上,充分地发挥自己的力量。他们热情地向社区居民传播环保知识,身体力行地践行环保理念,在这个过程中,不仅自身的环保意识得到了进一步的强化,而且社会参与意识与公民意识也得到了极大的增强,为今后更好地融入社会、服务社会奠定了良好的基础。

综上所述,初中体验式活动课通过情境导入、体验活动、价值澄清和行动拓展等主要实施阶段,构建了一个完整且富有深度的教育体系。情境导入阶段以生动有趣、贴合学生认知水平的情境设置,迅速抓住学生的注意力,激发他们对即将展开的课程内容的好奇心与探索欲,为后续环节奠定了良好的情感与认知基础。体验活动阶段则是学生亲身实践、深度参与的核心部分。在丰富多样的活动形式中,学生充分调动自身的感官与思维,积极与同伴互动协作,在实践中获取直接经验,不仅深化了对知识与技能的理解与掌握,更在团队合作、问题解决等方面得到了全方位的锻炼,拓宽了视野,培养了综合能力。价值澄清阶段承上启下,在体验活动的基础上,引导学生对自身经历进行反思与总结。通过思考、讨论与交流,学生得以梳理内心的感受与认知,明确自己在活动中所形成的价值观,使模糊的观念逐渐清晰,为个人品德修养与社会责任感的培养提供了有力支撑,让学生从单纯的知识与技能学习迈向全面的人格塑造。行动拓展阶段将教育的影响力延伸至课堂之外。学生把在课堂体验活动中所习得的知识、技能与价值观应用到实际生活场景中,无论是课后实践作业还是社区公益活动,都促使学生真正做到知行合一。在实践中,学生进一步巩固所学成果,积累丰富的生活经验,提升实践能力与综合素质,朝着成为适应社会发展需求、具有担当精神的新时代青年迈出坚实的步伐。

第三节　初中体验式活动课的实施建议

一、班主任要精心设计体验活动

体验式活动课的体验活动作为教育过程中不可或缺的一环,其成功与否很大程度上取决于活动前是否精心设计。活动设计包括活动名称、形式、规则、人数、难度、时间、地点等多方面的内容,每一个环节都至关重要,它们共同构成了学生参与活动的整体框架,对学生的参与意愿和参与程度产生了至关重要的影响。如果不能在活动开始前仔细思考并根据学生的情况不断进行调整,那么学生的积极性和参与效果往往会受到影响,学生没有真正的投入,就缺少深刻的体验,教育效果自然难以令人满意。因此,班主任要了解学生生活中的关注点、兴趣点,选择能够吸引学生的活动,并制定简单、可实行的活动规则和反馈机制。

二、班主任需精准捕捉并有效跟进学生反馈信息

在体验活动结束后的价值澄清环节,班主任肩负着重要职责,需

及时评估学生是否真正从活动中领悟核心概念,体会到深层次的价值内涵。在体验活动的实践过程中,学生参与的各项活动往往伴随着丰富的情感体验与认知变化。这些来自学生的反馈信息极为宝贵,却也"稍纵即逝"。若班主任未能及时捕捉并作出回应,便可能错失绝佳的教育契机。鉴于此,在引导学生进行活动反思与理论化探讨时,班主任应充分发挥引导者与促进者的作用,要时刻保持敏锐的洞察力,精准捕捉学生在活动过程中的每一处细微变化。同时,班主任需高度重视即时跟进的重要性,通过巧妙的引导启发学生展开更深入的思考。这一过程应如春风化雨般自然,以潜移默化的方式激发学生的内在觉醒,推动他们主动进行自我探索。如此一来,学生不仅能够突破浅层参与的局限,还能从中提炼更具深度的认知与情感体验,在相互交流与启发中增进理解、彼此尊重,进而共同营造出积极向上、团结协作的班级氛围。

三、班主任要引导学生将经验提升为理论

班主任作为体验活动的组织者和引导者,在学生的体验感悟过程中承担着极为关键的角色,引导学生将理论迁移到实际生活是其重要职责之一。班主任必须能够有效地帮助学生跨越理论与实际生活之间的鸿沟,让学生真正学会运用所学知识解决生活中的问题,塑造良好的品德和行为习惯,为他们的未来发展奠定坚实而全面的基

础。学生在活动中的体验往往也会出现在他们自己的生活经历当中,例如在一些团队合作的活动中,学生之间的互动体验就会与他平时在班级当中与同学之间的互动体验十分相似;活动体验犹如一面镜子,映照出他们在班级、家庭,乃至更广泛的社会环境中的交往模式,使其产生深刻而持久的共鸣。好的体验式活动就是要帮助学生将活动中的体验迁移到生活实际,把活动中面对问题的经验与方法借鉴运用于现实问题的处理与解决。

班主任在工作实践中,要面对性格、能力水平各不相同的学生。几乎每个班主任都会遇到颇具个性、不爱参与集体活动的学生,这些学生在班级开展团队合作活动时就像一块"硬骨头",容易影响活动的顺利推进。面对这种情况,班主任断不能图省事,直接选择排斥或者放弃这些学生。相反,我们需要用智慧和耐心引导这些学生找到自己在团队里的位置,发现自身的价值。而体验式活动课能较好地解决这类问题。

四、班主任应助力学生将体验感悟转化为实际行动

真正的改变,不止态度与观念的转变,更为关键的是要落实到切实有效的行动上。对于教师而言,这意味着需要承担双重责任:一方面,要为学生创造充分的条件与机会,让他们有平台去实践所学;另一方面,在学生付诸行动的过程中,教师还需给予恰当的监督与指

导,确保他们能够真正将所学运用到实际的学习与生活中,而非仅仅停留在口头或表面。

比如,在开展关于人际交往的主题体验活动后,不少学生意识到良好沟通的重要性,但在实际生活中却不知如何运用相关技巧。在班级里,学生之间难免会因为一些小事产生矛盾,像座位空间分配、值日任务安排等。有些学生不善于表达自己的想法,遇到问题时要么闷不吭声,要么用激烈争吵,导致同学关系变得紧张。班主任此时就可以发挥引导作用,先组织学生联系实际生活开展情境讨论,让学生分享自己在处理矛盾时的感受和困惑,然后引导他们分析问题产生的原因,让学生明白缺乏有效的沟通是矛盾激化的关键。接着,班主任可以传授一些具体的沟通技巧,如倾听时要专注,表达要清晰、委婉等,并设置模拟场景让学生进行练习。之后,在学生遇到类似的实际矛盾时,班主任鼓励他们运用所学技巧去解决问题,并在一旁适时给予监督和指导。通过这样的方式,学生能够将体验活动中获得的理论认知转化为实际行动,在班级生活中实现和谐、顺畅的沟通,营造融洽的班级氛围。

第四章

初中体验式活动课的教学实用技巧

随着教育理念的不断演进,体验式学习理论在初中教育阶段的实践应用日益广泛。然而,其有效实施面临着诸多挑战与变量,从课程设计的科学性、教学资源的适配性,到学生个体差异的考量以及教学评价的有效性等多方面因素均需综合权衡。

本章节基于教育学、心理学等多学科理论基础,深入剖析初中体验式活动课实施过程中的关键环节与核心要点,通过对教学实践经验的梳理与教育研究成果的整合,为初中班主任和教育工作者提供实践指导行动指南,推动初中体验式活动课在教育改革浪潮中稳健前行,发挥其应有的教育效能。

第一节　课前预设与课堂生成的联动技巧

一、课前预设与课堂生成的内涵及重要性

(一) 课前预设

课前预设是指教师在上课之前,根据体验活动目标、学生的知识水平和认知特点等因素,对活动内容、活动过程、活动方法以及活动环节中可能出现的问题等进行的预先设计和规划。其重要性主要体现在如下方面:(1)明确体验活动方向,课前预设能够帮助教师在活

动内容和多样活动方法中确定清晰的教学思路;(2) 提高体验活动效率,教师提前规划活动环节和时间分配,确保教学活动有条不紊地开展;(3) 增强活动针对性,教师通过对学生已有知识水平和可能出现的问题进行预设,有针对性地准备活动内容。

(二) 课堂生成

课堂生成是指在课堂教学过程中,因师生互动、生生互动以及学生对教学内容的思考等因素而产生超出教师课前预设的新问题、新观点、新思路和新方法等动态资源。其重要性主要体现在如下方面:(1) 促进学生主动学习,课堂生成鼓励学生积极思考、提问和表达自己的观点,当学生发现自己的想法能够得到重视并成为课堂讨论的一部分时,他们会更主动地参与学习;(2) 培养学生的创新思维,课堂生成往往是学生突破预设框架的思考结果,这些新观点和新思路形成的过程就是他们探索知识、培养创新思维的过程;(3) 丰富教学资源,课堂生成的内容可以为教师和学生提供更多的教学和学习素材,教师可以根据这些生成的问题和观点,调整教学内容,使教学更加贴近学生的实际需求;(4) 增强课堂的活力和趣味性,相比于完全按照预设进行的教学,课堂生成能够带来意外的惊喜和变化,学生的积极参与和各种新观点的碰撞使课堂充满活力,有利于提高学生的学习兴趣。

课堂生成反映了学生的创新思维和积极参与,它能激发学生的学习热情,培养学生的批判性思维和解决问题的能力,丰富教学内容,使教学更贴合学生的实际需求和兴趣,促进学生的个性化发展,让课堂充满生机与活力。

二、课前预设与课堂生成存在的问题

(一)课前预设的局限性

教师在课前预设时,难以完全、精准地把握学生的思维走向和课堂上可能出现的各种复杂情况。尽管教师可以依据经验和学情分析进行预设,但学生的个体差异、突发灵感以及外部环境变化等因素仍可能导致预设与实际课堂情况产生偏差。例如,在以"发现我的潜能"为主题的"穿越 A4 纸"体验式活动课中,教师预设学生会对"一张普通 A4 纸如何穿越"这一问题的理解产生困难,并准备了讲解方案,但有的学生可能课前接触过相关知识或者看过类似视频,导致预设的节奏被打乱,部分预设内容可能变得冗余。

(二)课堂生成的不可控性

课堂生成具有随机性和不确定性。例如八年级体验式活动课"乒乓球接力赛",学生在团队协作活动过程中的互动情况难以预测,可能会出现因意见不合而产生的激烈争论等意外情况。教师若缺乏足够的应变能力和引导经验,可能无法及时捕捉有价值的生成点并加以有效利用,甚至可能导致课堂秩序混乱,偏离教学目标。此外,一些活动中生成的内容可能过于碎片化或偏离主题,如果不加以筛选和整合,难以将其融入整体教学进程。

(三)课前预设与课堂生成平衡把握的难度

教师在教学过程中需要在遵循预设框架和鼓励课堂生成之间找到平衡。过度依赖预设会抑制学生的创造力和课堂活力,而过于追求课堂生成可能导致教学目标模糊、教学内容松散。例如在七年级"青春手账"体验活动中,教师若一味按照预设的绘画风格和创作主题引导学生,会限制学生的艺术想象力,但如果完全放手让学生自由创作,没有预设的基本方向和主题引导,学生可能难以在有限时间内创作出有质量的作品。

三、课前预设与课堂生成有机结合的策略

(一)精准预设,弹性留白

教师在进行课前预设时,要深入研究问题和生情,制定明确的体验活动目标和清晰的活动主线。在活动流程和时间安排上应预留一定的空间,为课堂生成创造条件。例如九年级"职业兴趣岛"这一活动,依据活动预设学生应了解六个岛屿的特征及其代表的六种典型的生涯兴趣类型,那么在兴趣确定后的分享讨论环节,教师便不能设定过于死板的讨论问题和时间限制,应该让学生能够充分表达自己

对未来发展方向的独特感悟,叙述自己将如何把学习兴趣与职业兴趣结合在一起,探讨学习兴趣与职业兴趣的结合方式,以此鼓励学生寻找两者间的联系和融合点。

(二) 敏锐洞察,有效引导

教师在课堂教学中要时刻保持敏锐的观察力,及时捕捉学生的课堂反应和生成性信息。例如六年级"让我为您服务"体验活动,当学生在被他人服务的过程中感受不佳,提出无法沟通,对任务完成造成阻碍时,教师应迅速判断其价值,引导学生深入探究为什么感受不佳,怎样可以让自己的需求得到满足,还可以组织学生分组讨论,鼓励他们提出解决对策,重新尝试。通过教师的有效引导,将学生的碎片化思考整合为系统的育人理念的探究过程,使课堂生成成为推动教育深入开展的重要动力,确保生成内容与教育目标相契合。

(三) 多元评价,激励创新

建立多元化的活动评价体系,既要评价预设活动目标的达成情况,也要关注课堂生成对教育的丰富和拓展。例如八年级"石头剪刀布"体验活动,教师应对学生在活动过程中怎样选择优缺点的理由给予积极评价,评价方式可以包括教师点评、学生互评等。通过多元评价,激励学生积极参与课堂互动,勇于表达自己的想法,促进课堂生成的不断涌现,同时也为教师调整预设和教学策略提供参考依据,进一步优化教学过程。

（四）反思问题，调整设计

正是因为体验式活动的课堂生成具有一定的不可控性，教师在实践后应该根据课前预设与课堂生成的不同之处进行反思和再设计，在开展活动时要贴合学生的年龄特点和班集体的实际情况，既要基于问题设计，又要高于预设实施，兼顾学生的共性问题和个性特点，让每个学生在参与过程中都能结合自己的认知和经验获得个体的成长。

在初中体验式活动课中，课前预设与课堂生成的有机结合是提升体验活动效果、促进学生全面发展的关键。教育工作者应深刻认识到这种有机结合的重要性，并在教学实践中不断探索，完善活动设计，以适应新时代教育教学的需求，为培养具有创新精神、实践能力和综合素质的初中学生奠定坚实基础。

第二节　价值澄清阶段的提问技巧

一、简单性提问和复杂性提问的有机结合

在体验式活动课价值澄清阶段，反思与理论化是两个重要的环节。反思与理论化主要通过问题引导的方式进行。问题引导是师生

之间对话和交流的重要方式,具有检查评估、启迪思维、引导感悟、构建理论等多种功能。提问方式是否合理,直接影响了教育目标的达成度。问题链的设置能够巧妙地串联起整个学习与探索的过程。问题链并非随意拼凑的零散疑问,而是经过精心雕琢,有着严谨的内在逻辑的引导工具。其设置过程起始于对活动课核心目标的深度剖析,需细致入微地考量学生的既有认知水平等因素,巧妙融合多种提问类型,从而引领学生由浅入深、由表及里地逐步实现道德品德的内化与升华。

从布鲁姆认知领域分类的六个层次出发,课堂提问可分为管理类、记忆类、重复类、提示类、理解类和评价类六种类型。其中,前三类提问对学生思维能力的挑战相对较少,可称为简单性提问;后三类提问对学生的思维能力提出了更高的要求,属于复杂性提问。据此,体验活动课的提问同样可以依据对学生思维能力的考查深度划分为简单性提问和复杂性提问。

(一) 简单性提问的种类及作用

简单性提问有管理型提问、记忆型提问、重复型提问三种。

1. 管理型提问

管理型提问主要用于维持体验式活动课的秩序、引导学生的注意力和规范学生的行为。例如,在体验式活动课开始时,教师可能会问:"大家都站好自己的位置了吗? 我们马上要开始第一个活动了。"

这样的提问有助于确保活动能够顺利开展,防止出现混乱局面,为后续教学环节创造良好的条件。

2. 记忆型提问

记忆型提问主要考查学生对知识的简单存储和再现能力,如让学生回忆体验式活动中的具体细节、步骤、信息等内容。比如在小组接龙类活动结束后,教师提问:"你们为什么会按这样的顺序排列呢?"这需要学生从刚刚的活动记忆中提取信息来回答。在体验式活动课中,记忆型提问可以巩固学生在活动中所接触的基础知识,为进一步的理解和应用奠定基础。

3. 重复型提问

重复型提问要求学生重复活动过程中的关键内容或者重要规则,旨在强化学生对关键信息的重复表述能力,通过回答问题加深记忆。例如,在一堂活动式体验课中,教师提问:"刚刚我强调的活动安全规则有哪几条? 请重复一下。"这种提问促使学生加深对重要内容的印象,强化学生对重点知识和规则的记忆,确保他们在活动过程中能够遵守规定并正确操作。

(二) 复杂性提问的种类及作用

在体验式活动课的价值澄清阶段,教师需通过设计多层次、开放式的提问策略,引导学生进行深度反思与价值判断。复杂性提问的类型有提示型提问、分析型提问、理解型提问、应用型提问、评价型提问、创造型提问等。

1. 提示型提问

提示型提问通过引导性提问帮助学生更好地理解知识、掌握技能。当学生在体验式活动中遇到困难或者对某个概念理解模糊时，教师可以通过提问的方式给予提示。例如，在"百变黑点"体验活动中，学生可能对怎么改变黑点的途径不太理解，这时教师可以提问："你记得我们之前看到的变化黑点示范视频里，在这个步骤是怎么处理黑点的吗？"在给出提示的同时，引导学生思考。在体验式活动课中，提示型提问能够引导学生自己思考解决问题的方法，帮助他们跨越知识理解的障碍，提升自主学习能力。

2. 分析型提问

分析型提问要求学生对体验式活动的各个环节、参与人员的行为或者活动结果进行分解和剖析，探究其原因、影响因素等。例如，在一次角色扮演体验活动后，教师提问："在刚刚的角色扮演中，你的角色和其他角色之间的互动出现了哪些问题？是什么原因导致的？"这种提问方式能有效激发学生的批判性思考，引导他们对活动过程进行深度分析与价值判断。

3. 理解型提问

理解型提问要求学生能够对所学内容进行解释和说明，侧重于检查学生是否真正理解了体验式活动所蕴含的原理、方法或概念。例如，在一个团队合作的沙盘模拟活动后，教师提问："为什么在我们的团队任务中,分工明确能够让任务完成得更高效?请结合活动过程进行说明。"这要求学生能够对活动中的知识进行内化理解并表达出来,培养学生对知识的深度理解能力,确保他们不仅仅是简单地记住操作步骤,而是真正理解背后的原理。

4. 应用型提问

应用型提问主要是促使学生将在体验式活动中学到的知识、技能运用到新的情境或者类似的场景中,有助于培养学生的知识迁移能力和实际操作能力。例如,在完成一个急救知识体验课程后,教师提问:"如果在操场上看到有人摔倒受伤,你会如何运用我们刚刚学到的急救技能来帮助他?"以此引导学生回顾所学,并思考如何将其应用于生活中。

5. 评价型提问

评价型提问注重培养学生的批判性思维和价值判断能力,引导学生对体验式活动的过程、结果、自己和他人的表现等进行价值判断。例如,在一场小组辩论体验活动后,教师提问:"你觉得自己在辩论过程中论点阐述得怎么样?你对其他小组的表现有什么评价?"以此提升学生的反思能力和批判性思维,让他们能够从多个角度审视体验式活动,从而促进自身的成长和学习。

6. 创造型提问

创造型提问鼓励学生基于体验式活动的内容进行创新思考,提出新的想法、方案或者改进措施,激发学生的想象力和创造力。

(三) 简单性提问和复杂性提问有机结合的策略

体验式活动中的问题宛如一把把钥匙,开启着全体学生思维的大门。简单性提问与复杂性提问各自发挥着独特且不可或缺的作用。

简单性提问以直白、易懂的方式,迅速唤起学生已有的知识经验,轻松地建立起与活动主题的初步联系,形成认知基础,为后续的深入探索提供有力支撑。简单性提问能让每一位学生毫无障碍地踏入交流与思考的领域,增强其参与活动的信心与积极性。

复杂性提问则引领学生潜入知识的深海,促使他们打破常规,挖掘现象背后的本质,提升深度思考、分析与综合运用知识的能力,构建起更为全面、系统且深刻的认知体系。

简单性提问与复杂性提问的巧妙混合运用,既能促进学生广泛参与,掌握基础知识,又能推动他们向着更高层次的认知境界迈进,从而使整个活动充满活力与深度,达成多维度的教育、引导与启发目标。

二、封闭式提问与开放式提问的有机结合

(一) 封闭式提问的含义与作用

1. 封闭式提问的含义

封闭式提问通常以"是"或"否"、特定选项或简短事实性回答为

导向,能够高效地确认已知信息、澄清模糊概念、快速筛选重要细节。

2. 封闭式提问的作用

(1) 帮助教师获取明确信息

在许多场景下,我们需要快速获取特定的信息,此时封闭式提问非常有效。例如,在"石头剪刀布"体验活动开始前,教师问学生:"你们玩过'石头剪刀布'吗?"以此快速获得答案。

(2) 澄清事实和确认理解

当交流中出现模糊不清的内容时,封闭式提问可以用于澄清。比如在讨论中,教师可以直接问学生:"你的意思是我们应该采用第一种方案,对吗?"这能确保双方对讨论的内容理解一致,避免误解。在知识传授过程中,这种提问方式也能帮助学生确认自己对知识点的理解是否正确。

(3) 引导学生思考方向

封闭式提问能够为思考设定一个边界,引导回答者在规定范围内思考问题。例如,在建塔活动的小组讨论中,教师提问:"我们现在讨论的重点是方案的可行性,那我们是否应该先考虑材料因素?"这样可以使讨论更有针对性,避免离题太远,让思考过程更加有序和高效。

(4) 增加学生互动参与感

对于一些比较内向或者不太善于表达的学生来说,封闭式提问相对容易回答,因为不需要组织复杂的语言。例如,在课堂活动中,教师可以用"谁能告诉我刚才老师说的话对不对"这种简单的提问方式,鼓励更多的学生参与互动,增强他们的自信心和参与的积极性。

(二) 开放式提问的含义及作用

1. 开放式提问的含义

开放式提问是指答案不固定、范围较广,鼓励回答者充分表达想法和感受的问题。这种提问方式鼓励学生摆脱束缚,从不同的视角出发,基于自身的阅历和情感去分析问题或现象,从而激发多元观点碰撞,催生深刻的理解与创新思维的火花。

2. 开放式提问的作用

(1) 激发学生创造力和想象力

开放式提问为学生提供了广阔的思维空间,使他们能够突破常规限制,发挥自己的创意。例如,在七年级"青春手账"体验活动中,教师提问:"如果让你用图案或形象来描绘学校生活给你带来的感受,你会选择哪些图案或形象? 为什么?"这样的问题可以激发学生的艺术创造力,挖掘他们内心丰富的想象世界。

(2) 深入挖掘学生观点和激发情感

开放式提问能够帮助教师深入了解学生的内心想法和情感体验。例如,在九年级"气球总动员"体验活动中,教师提问:"你能和我讲讲你最近感到焦虑的原因吗?"这种开放式问题可以让学生详细地阐述自己的情绪和背后的原因,为教师提供全面的信息,以便更好地提供帮助。再如,在八年级"石头剪刀布"体验活动中,"通过今天的活动,你有什么启示?""你如何看待自己的优缺点?"等问题的设置,可以引导学生深入挖掘自己的体验和感受。

(3) 引导学生综合运用和拓展

回答开放式提问往往需要调动多种知识和经验。例如,在八年级"石头剪刀布"活动中,教师提问:"在这个活动中什么是最重要的,是结果、方法,还是其他方面?"学生回答这个问题需要反思自己在活动中的表现,包括情绪变化、应对策略及心态调整等,并且可能会促使学生探索新的知识领域,拓宽知识面。

(4) 引发学生深度讨论和交流

由于开放式提问答案的多样性,很容易引起不同观点之间的碰撞和交流。例如,在九年级"气球总动员"体验活动中,"你认为压力对自身的影响是积极的还是消极的?"这个问题会引发学生从不同角度进行讨论,如从积极心态、学习状态、人际关系等方面阐述自己的观点,从而使讨论更加深入和丰富。

(三) 封闭式提问与开放式提问有机结合的策略

在体验式活动课中,经常会将封闭式提问与开放式提问结合起来使用,以实现二者的优势互补。

封闭式提问可作为体验式活动课情境引入阶段,以此迅速建立起教师与学生的联系,帮助教师了解学生的基本认知水平和立场,为后续的深入探讨找准切入点。例如,在团队建设活动伊始,教师可以提问:"大家之前是否参加过类似的团队活动?"随着交流的推进,适时引入开放式提问,如:"在以往的团队经历中,最让你难忘的团队合作瞬间是什么?为什么?"。这有助于拓展话题的深度和广度,激发参与者的积极性和主动性,挖掘出更丰富、更具价值的信息和情感体验。

在活动的总结回顾环节,封闭式提问可用于快速确认关键知识点或重要成果的掌握情况,如:"我们今天提到的团队协作的三大原则,大家都记住了吗?"再用开放式提问引导学生进行反思与升华,如:"这次团队活动会对你产生哪些长远的影响?"这种有节奏、有层次的问题组合,能够引导学生在清晰的框架内自由思考,既确保了交流的高效与准确,又充分激发了他们的创造性与批判性思维,使整个互动过程更加丰富、立体、富有成效,最终实现知识的传授、技能的提升、情感的升华以及价值观的塑造,达成活动所期望的多元目标。

当学生回答封闭式提问时,要关注其是否有不同的答案。不同的回答往往会产生不同的教育资源,教师应注意引导。当教师设置开放式提问类型时,应多预设一些学生可能的回答,针对不同类型的回答做进一步提问,这对教师的教育智慧以及临场把控能力有一定的要求。

第三节　体验式活动课中班主任的
　　　　带领技巧

一、组织活动的基本能力

（一）活动掌控能力

体验式活动课需要班主任掌握丰富的活动资源。教师需要准备充分的活动素材，熟练运用各种不同的活动类型，掌握活动的基本操作技巧以应对各类情境。只有这样，才能在开展体验式活动的时候随时调整和运用。例如，在开场时用暖场活动破冰，利用活动建立信任，促进有效沟通，并引导学生进行决策与解决实际问题。

（二）倾听能力

在体验式活动过程中，学生常常需要发表各类想法，通过言语交流的方式分享对活动主题的理解，以及在活动过程中的体验与感受。在这个过程中，班主任需要精力高度集中，认真倾听学生分享的内容，尽力理解对方，抓住对方想要表达的核心。在聆听的过程中，班主任要学会分辨学生表达的内容是否和主题直接相关，是表达感受还是观点,或者仅仅是在描述事实。根据学生表达的内容,教师可以通过即时引导或者复述,围绕活动主题做出合适的反馈。良好的倾听能力会让学生感到被尊重,也更愿意表达真实的想法,更能促进班主任和学生之间的沟通。

(三) 观察能力

体验式活动课堂相比传统课堂更为开放和活跃,班主任需要具备较强的观察能力,对整节课进行把控,围绕团队整体、学生个体的情绪、行为等方面,观察学生在活动中的参与度、任务达成度、问题的解决程度。班主任应全面观察,关注尽可能多的学生,不断捕捉教育契机,及时反馈,这样才能为活动后的引导反思提供素材。通过培养自身的敏感度和不断提升观察能力,班主任能更好地引导学生分享和表达,最大限度地让体验活动“活”起来,让每个学生“动”起来。

(四) 引导能力

提问是让人自我觉察的重要方式。班主任需要懂得在合适的时机提出有效的问题,从而达成活动目标。引导学生交流、分享、讨论的过程就是一个提问的过程。班主任需要根据当时的情境,在恰当的时机选择合适的问题类型,提出有效的问题。好的提问能得到积极的回应,不同的提问会产生不同的效果。通过提问,可以了解学生对活动的认识、学生的观点和感受。恰当的提问还可以调动气氛,避免冷场,提高学生的参与度,鼓励他们从不同角度讨论活动带来的体验,从而更好地收集信息,了解学生的想法,聚焦活动目标,落实有效的学习过程。同时,在通过提问帮助他人学习的过程中,班主任自身也会更加专注,能更好地进行自我觉察、更好地倾听,提升对学生行为和感受的理解力。

(五) 其他素养

体验式活动课对班主任的个人素养提出了较高要求,需要教师富有人格魅力,包括真诚、尊重、平等、开放、同理心、亲和力、自我觉察等特质,具备流畅的表达能力、有效的沟通能力、敏锐的观察能力、较强的组织能力,能把握全局、灵活应变,愿意与时俱进,不断学习,提高自身素养。

此外,体验式活动的参与对象是学生,需要班主任幽默、自信,调动学生情绪,使其积极参与的同时具备控场能力,防止学生由于过于兴奋而出现失控的情况。应变能力也是班主任应具有的非常重要的素养。

二、活动准备技巧

(一) 硬件准备

体验式活动可以在户外进行,也可以在室内进行,不同的体验式活动有不同的场地要求。班主任需要根据不同的活动要求选择场地,活动环境的选择关系到学生的安全。如果是在户外开展活动,需要平整、安全、宽敞、安静的环境;如果是室内场地,则需要根据活动需求对教室的桌椅进行重新摆放,一般情况下可以按小组活动围圈而坐,这种方式可以让班主任观察每一位学生,有助于增强学生的平等感。

一般体验式活动也会涉及道具的使用,因此需要精心准备活动道具,以便达到更好的体验效果。常用的道具有 A4 纸、彩笔、N 次贴、海报纸等,其他特定道具可根据活动需求选择。此外,多媒体设备的应用可以辅助体验式活动更好地开展。

(二)软件准备

体验式活动需要营造安全、温暖、自然、开放的氛围。在良好的氛围里开展活动可以更好地达成互相信任、真诚表达、和谐互动的目标,因此氛围营造也很重要。首先,明确保密性原则和制订规则可以带给参与的学生安全感,更容易让学生分享交流,吐露心声;其次,班主任的言语可以幽默风趣些,以自己的热情感染学生,使其积极参与;最后,活动设计要考虑学生的年龄特点,需要了解学生的学情、身体状况、心理状况,选择合适的情境导入,让学生带着好奇参与活动。体验式活动不同于学科学习,不必过于强调知识学习,而是应通过活动带领,让学生在轻松、温暖的氛围里体验感受活动的魅力。

三、活动引导技巧

　　开展体验式活动是为了让学生能在有趣的活动中学习、感受、体验,所以班主任在设计活动时要考虑学生的年龄特点和兴趣点,通过创造乐趣让学生"动起来"。在活动过程中,班主任要关注学生的状态,不能让学生过于兴奋。此外,不能"为了活动而活动",切勿过于追求活动形式而忽略了学生在活动中的内在感受与体会。

　　活动正式开展前要明确活动规则并告知违反规则的后果,以保证活动的有序性。班主任在带领活动的过程中要关注学生的个体及团体的需求,通过引导让学生保持兴趣,积极参与并融入活动。班主任自身要对活动操作及目标非常清晰,要注意活动的流畅性和逻辑性。体验式活动的导入很重要,要足够吸引人,通过环节设置、有效引导、层层铺垫的提问,引导学生思考,直至达成活动目标。班主任在活动过程中要和学生一起"动起来",保持视线的接触,不要太过依赖多媒体设备等外在设备,应更多地挖掘活动本身资源,关注活动过程,在活动中捕捉学生体验的细节并及时反馈,提升学生的感受,保证学生在活动过程中的主体地位。

四、提问技巧

　　在体验式活动中,提问技巧的运用直接关系到活动的成效。提问不仅是推动个体深度学习的关键,更是促进团队协作学习的基础。缺乏有效提问,反思过程将难以展开。无论是自我反思的内在对话,还是他人引导的外在交流,本质上都是学习的重要形式。将活动主题转化为具体问题,能够更有效地激发参与者的反思能力,从而深化学习效果。把主题转化为问题能更好地促进反思与学习。

提问要把握时机,如果问题提出得太早,学生可能会缺乏足够的信息或思考时间不足,从而没办法给出有价值的答案;提问得太晚则有可能错过学生分享的最佳时机,所以,如何把握提问时机需要教师不断实践、总结经验。

体验式活动常用的提问结构是 3W(What、So What、Now What)引导问句,提问结构如下。

What(怎么了? 发生了什么?),一般是对现在发生的事进行提问。例如:活动中发生了什么? 在刚刚活动的过程中,让你印象最深刻的是什么? 大家听到了什么? 看到了什么? 是怎样完成这个任务的? 你们的感受是什么?

So What(所以呢? 会怎么样?),一般是对过往经历的提问。例如:这样做会给你带来什么? 对你而言这意味着什么? 刚刚的经历让你学到了什么? 你有哪些启示和反思? 你对自己有怎样的认识? 你生活中会有类似的经历吗? 这个活动给你带来什么影响?

Now What(然后呢？现在又怎么样?)，一般是对未来的可能提问。例如：如果再让你做一次选择，你会怎么做？下次你会如何改进呢？如果把今天的体验启示用到你日常的生活中去，会有什么不同吗？今天的活动对你在未来与他人交往中会有什么帮助吗？你会怎样把今天的所学所得进行实践？

在体验式的引导提问过程中，班主任需注意以下几点。(1)要多用开放式的问句，如："你觉得怎么样？你有什么发现?"(2)要关注学生的感受，如："大家能不能用一句话来形容自己的感受?"(3)学会复述学生的感受，以便他们澄清，如："你当时很紧张，心跳很快，是这样吗?"。(4)从体验感受中引导出学习所得，如："我们可以从中学到些什么?"。(5)让学生试着归纳总结，与过往经验相对应，如："我们今天达成的目标有哪些？与以往相比有些什么不同?"。(6)对学生的行为进行讨论，如："为什么会这样做？这样做会有什么感觉?"。(7)引入深入的探讨，如："能不能多谈一些？可以说得再具体一点吗?"。(8)和现实做联系，如："这个行为和我们现实中哪些情境很像？我们可以用今天的学习到的方法解决实际问题吗?"。

在提问的过程中，班主任要时刻关注学生的行为、表情、情绪，观察他们的参与度。良好的引导提问可以使学生的注意力都集中于想要的话题上，围绕教育目标层层推进，不要急于寻求答案；有时候需要多追问几句，帮助学生反思，多用提问深入引导学生交流分享是体验式活动有效的重要因素。

五、评价反馈技巧

体验式活动需要有评价反馈,需要以学生为本,根据学生的学习需求,对学生的综合能力(思辨能力、实践能力、感知能力、整体素质等)进行综合性、整体性的评价反馈。基于体验式活动的特点,评价反馈应与学生的现实生活相联系,通过评价学生在活动过程前、中、后期不同阶段的活动或任务表现获得反馈。通过关注学生本身,有效发展学生潜能,激发学生学习兴趣,促进学生进步。

有效促进学生学习、全面发展的评价方式,有助于实现活动育人的理念。班主任可以通过问卷调查、课堂观察、沟通交流、任务单、学习小报等方式对活动效果及学生的表现进行评价反馈。评价反馈不仅在活动后,而且在活动前、活动中都需要关注学生的行为表现,及时给予评价反馈。

活动前,通过调查问卷、活动学习单的预设等方式了解学生的需求,评估学生的身心状况,评估自身是否有能力带领学生达成教育目标;活动中,观察学生的行为,可以从学生参与活动的投入度、参与度、讨论的深度、分享的广度等方面进行观察,评价此次活动的效果,班主任也可以通过活动中的即时反馈评价肯定学生在活动中的表现,鼓励学生踊跃参与课堂活动,使其享受成功的喜悦,从而进一步激发学生内在的学习动力,促使其积极、主动地思考、分享、交流。这个过程也能增强学生对班主任的信任感,提高其满意度,使其获得自信;活动后,班主任可以通过学习小报制作、分享交流访谈、询问学生活动感受和收获、学生反馈表收集数据等方式来判断活动的效果。

通过评价反馈,不仅可以让班主任对体验式活动的成功和失误进行及时反思,思考下次活动时如何做得更好,不断提高自身的带领能力,还可以对学生课堂以外的行为表现和性格特点有更多的了解,更全面地发现学生的闪光点及不足处,有针对性地鼓励、表扬或者提出建议,促进学生的身心发展。体验式活动课上的学生不再是被动的接受者,而是评价活动的参与者,甚至是主导者。多样化的评价反馈体现了以学生为中心、以生为本的理念,聚焦学生的感受和行为,并非去批判学生的弱点和不足。这种评价方式主要关注学生"做了什么",为他们提供展示自己潜能的舞台,增强他们的自尊心和自信心,突出学生的主体地位。恰当且多样化的评估反馈可以更好地激励学生,增强学习动机。尤其是对一些学习困难的学生,可以提供更多的机会,让他们有广阔的表现舞台,激发他们的求知欲和创新意识,使其摆脱被成绩优秀学生比较的阴影,发挥自身特长,产生学习动力,促进自我进步。同时,这种评价方式也能进一步促进班主任与学生之间的平等和尊重,共同体验学习的快乐,增强师生间的感情。

第五章

初中体验式活动课案例

第一节　六年级体验式活动课活动方案

六年级学生建班育人目标是相识相知、诚信友善、明理守规、建班立制,其具体活动方案如表5-1所示。

表5-1　六年级体验式活动课活动方案

建班育人目标		应用场景	活动主题	体验活动名称
相识相知诚信友善明理守规建班立制	1. 在进校初期阶段,通过体验式活动,在课堂中帮助学生尽快消除陌生,彼此熟悉,同时,通过了解每个学生的特点,寻找共性、寻求发展,建立起适合班级发展的规章制度 2. 在进校初期阶段,培养学生规则意识和有规必依的集体观念,同时,教育学生真诚友善地对待他人,彼此尊重包容,学会合作,共同进步	快速记住陌生同学名字	猜猜我是谁	隔布猜人
		学生不愿意做值日生	劳动最光荣	乒乓搬运工
		学生上课不听,爱插嘴	倾听你我他	我们一起唱
		学生不遵守班规班纪,值日班长劝说仍屡教不改	"约定树"的承诺	扑克连连看
		学生之间闹矛盾,互不相让	友善待人	让我为您服务

案例 1

猜 猜 我 是 谁

【发现问题】

新学期,阳光洒满校园。开学第一天,校园里弥漫着一种难以言喻的兴奋与期待。学生们或因在人群中发现了小学时的玩伴而备感亲切,但更多时候,是因为面对着的一张张陌生的脸庞而充满好奇。在这新集体的初次聚首中,每个人都怀揣着尽快融入集体、结识新友的渴望,期待着能在这片新天地里找到属于自己的位置。班主任该怎么帮助学生尽快熟悉陌生的同学呢?

【活动目标】

1. 通过"隔布猜人"活动互猜同学姓名,让每一个学生至少能记住全班一半陌生同学的姓名。

2. 通过了解同学的兴趣爱好、性别、外形等特征,记住陌生同学名称,掌握快速记住陌生人姓名的技巧,理解与班级同学社交的重要性。

【活动提示】

活动不设人数限制,鼓励全员参与。特别设置两名学生作为志愿者负责拉幕布,他们不仅是活动的执行者,更是活动氛围的营造者。为了增加互动性,志愿者可由学生轮流担任,让每个人都有机会站在"幕后",体验不同的角色。这种轮换机制极大地提高了活动的参与度与互动性。

【活动过程】

1. 情境导入阶段

活动伊始,班主任以一段充满温情的导入语,将学生们带入了那个充满挑战与乐趣的世界。

同学们,新的集体,新的开始,我们带着对未来的憧憬相聚在这里。或许此刻我们还稍显陌生,但请相信,通过接下来的"隔布猜人"活动,我们将迅速拉近彼此的距离。就从最基础的开始——叫出对方的名字,让我们的故事从这里启航。

2. 体验活动阶段

全体学生围成一个大圈,轮流大声介绍自己,说出自己的名字,每一次介绍都伴随着全体同学的回应,这不仅是对新成员的欢迎,更是对名字的初步记忆。

随后,全体学生分成两组,分别坐于幕布两侧,营造出一种神秘且令人期待的氛围。

第一轮活动:

随着"三、二、一"的倒数,两边各派出一名代表,幕布瞬间落下,一场关于名字的记忆与反应的比拼就此展开。先喊出对方名字者获胜,而未能及时喊出或喊错者,就要"投降",并走至对方队伍,暂时成为"俘虏"。

第一轮活动不仅考验了学生的短时记忆能力,更激发了他们的竞争与合作意识。

第二轮活动：

在第一轮活动的基础上，学生在自我介绍时增加更多个人信息，如兴趣爱好、性格特长等，这使之后的"猜人"有了更多的乐趣。

第二轮活动时，随着信息的丰富，学生们在猜测时不仅依赖于名字，更开始关注对方的特征。这种深度的交流让彼此之间的了解更加全面，也为后续的友谊奠定了坚实的基础。

3. 价值澄清阶段

（1）引导提问

问题1：通过活动，大家是否对同学的名字有了更深刻的印象？我们还能采用哪些方法，让这份熟悉来得更快、更自然？（旨在评估活动效果，引导学生思考提升熟悉感的策略）

问题2：对于那些未能迅速喊出名字的同学，你们当时的感受是怎样的？是紧张、害羞，还是其他什么情绪？（帮助学生识别情绪反应，促进同理心和自我反思）

问题3：对比两轮活动，大家是否感觉到自己与同学之间的距离拉近了许多？这种变化是如何发生的？是不是因为我们对彼此的了解更加深入了？（引导学生观察关系变化，分析团队互动的积极影响）

问题4：除了名字和基本信息，你还想了解同学的哪些方面？活动后，有没有哪位同学特别吸引你，想要进一步了解并成为好朋友的？（鼓励深入交流，激发团队凝聚力和友谊发展的意愿）

从活动效果、情绪体验、关系变化到深入互动,层层递进,既关注了学生的即时感受,又引导他们思考团队熟悉感和凝聚力提升的方法,最终落脚于实际生活中的关系建立与发展。

(2)理论总结

同学们,在活动中我们很好地运用了联想记忆策略,将同学的姓名与兴趣爱好、性别、外貌特征等具体线索相结合,从而提高了记忆效率。猜人活动的全体参与不仅促进了大家记忆能力的提升,更增进了对他人和班级环境的熟悉,班级同学之间的联系也得到了加强。相信通过增强彼此间的归属感,能有效促进班级凝聚力的形成。

4.行动阶段

活动尾声进行"手印签名墙"活动。学生在海报纸上留下自己的手印与个性签名。这面签名墙不仅是对活动的纪念,更是每个人独特个性的展示。它将成为教室里一道永恒的风景,时刻提醒着大家:我们是一个团结且充满个性的集体。

【活动总结】

回顾整个活动,师生都深感体验式活动的魅力所在。"隔布猜人"活动不仅让学生在体验参与中感受到了乐趣与成就,更在无形中促进了他们的交流与了解。这种交流不仅仅是表面上的寒暄与客套,更是心灵深处的碰撞与共鸣。同时,这次活动也让班主任深刻反思了自身的角色与责任。站在班主任的角度,我们不仅要传授知识,更要关注学生的情感需求与成长变化。我们要用心去感受他们的喜怒哀乐,用爱去滋润他们的心田。只有这样,我们才能真正成为学生的良师益友,陪伴他们走过成长的每一个阶段。

在活动过程中,难免会遇到因输赢而产生的争议。此时,应倡导公平与包容的原则。当遇到难以判断的情况时,邀请其他学生作为"第三方"给出意见,力求公正。若仍有争议,不妨以平局处理,让两位学生各自回归队伍,期待他们在后续的比赛中再次展现自己的风采。这样的处理方式,不仅维护了游戏的公平性,更体现了团队间的尊重与理解。

整个活动的实施过程还有一些可以改进的地方。比如,在活动准备阶段,可以更加充分地考虑学生的个性与差异,为他们提供更多个性化的展示机会;在具体活动过程中,可以更加灵活地调整活动节奏与氛围,让每位学生都能充分参与并享受其中;在活动反思阶段,可以引导学生进行更深层次的思考与总结,让他们从中汲取更多的智慧与力量。

案例2

劳动最光荣

【发现问题】

周一的放学铃声响起,校园里渐渐安静下来,只留下小张和小王在教室里做值日。只见小张手里拎着扫把,有一搭没一搭地扫着,扫过的地方仍旧有纸屑。小王是负责擦黑板和拖地板的,他擦完的黑板虽然没有了粉笔字,却仍是白茫茫的一片;被他粗暴地拖来拖去的水桶溅得满地都是水。第二天,不出所料,班级的卫生分被扣了。

【活动目标】

1. 通过"乒乓搬运工"活动,使学生亲身体验劳动的艰辛与快乐,掌握基础劳动技巧,培养合作意识与责任感,进而树立正确的劳动观念,激发参与日常值日工作的积极性。

2. 借助活动实践,引导学生反思劳动的价值与意义,为完善班级劳动制度提供实践依据,推动形成更科学、更规范的班级劳动管理体系。

【活动提示】

鼓励全班学生轮流参与,没有参加活动的学生可作为观察员对活动进行观察。

【活动过程】

1. 情境导入阶段

同学们,如果你遇到上述场景,会怎么想?你觉得是什么造成了班级卫生分被扣?怎样才可以把值日工作做得又快又好呢?接下来,让我们通过今天的"乒乓搬运工"体验式活动,来深入探讨"劳动"这个主题,体验劳动吧!

2. 体验活动阶段

将学生分成两组,分别进行单人搬运乒乓球和双人蒙眼合作搬运乒乓球的比赛。

第一轮活动：

单人赛中,学生站在指定位置,单手握住绑有勺子的长棒,利用长棒顶端的勺子,将盆中的乒乓球移动到指定容器中,30秒后把长棒上的勺子拆下,继续用勺子把乒乓球移入指定的容器,一分钟之内移动乒乓球最多者获胜。双人比赛中,一人蒙眼,另一人通过控制前者的手来完成任务,用时最短者获胜。

第二轮活动：

男生和女生分别进行搬运比赛。女生需要搬运一个装有三个实心球的整理箱,男生则需要搬运一个装有五个实心球和悬挂着四个鸡蛋的整理箱。比赛要求学生接力往返三次,用时最短且未违规者获胜。

3. 价值澄清阶段

（1）引导提问

问题1：将第一轮活动的单人赛和双人赛进行比较,你们觉得哪些因素影响了你们的成绩？这对我们日常的值日工作有何启示？（引导学生对比个体与团队表现的差异,分析影响因素,并将其与实际值日工作的协作与效率相联系）

问题2：在第二轮活动中,你们是如何克服困难的？有哪些细节需要注意？这种经历对我们未来的学习和生活有何帮助？（聚焦问题解决过程,强调细节管理,引导学生将经验迁移至更广泛的情境）

问题3：结合这次活动,你们认为我们班级的劳动制度还有哪些不足之处需要改进？（鼓励批判性思考,推动学生对现有制度提出改

进建议,促进班级管理的优化)

问题设计既关注学生的实践体验,又引导他们思考团队协作、问题解决及制度优化的方法,最终落脚于班级管理的实际应用与效率提升。

(2)理论总结

同学们,通过活动,我们感受到了工具对劳动的重要性。从大家的分享中我们也意识到了,在日常的值日工作中也要学会选择合适的劳动工具进行劳动,劳动对象不同,劳动方法和技巧也不同。活动不仅考验了你们的体力与耐力,更让你们学会了细心与耐心,请大家带着今天的体验感受,一起来思考怎么样把班级值日工作做得更好,真正体会"劳动最光荣"。

4. 行动阶段

活动尾声,鼓励学生们以小组为单位,结合活动体验,制定、修改和完善班级的值日生劳动内容分工和职责(章程)。这一环节不仅是对活动成果的延伸和拓展,更是对学生团队协作能力和创新能力的一次锻炼。

【活动总结】

活动设计从实际问题出发,结合班级值日生现状的实际情况,引导学生思考班级卫生扣分现象及值日生的工作态度问题,成功吸引了学生的注意力,引发他们共鸣。学生们纷纷表示,确实存在互相推诿、不愿劳动的情况,这对班级整体形象造成了不良影响。这一环节的设计为后续活动的展开奠定了良好的情感基础。

活动过程中的"引导提问"是本次活动的重点内容。通过对活动难点,即劳动工具使用不当、值日生工作的启示以及班级劳动制度的不足等问题的讨论,学生不仅加深了对劳动的理解,还学会了将活动体验与现实生活相联系,意识到无论是值日工作还是其他劳动,都需要智慧与汗水。

活动最后,以小组为单位,制定、修改、完善班级的值日生劳动职责(章程),将活动成果落到实处。学生们在讨论交流中,不仅增强了团队协作能力,还为班级劳动制度的完善贡献了自己的智慧。这一过程使活动不仅仅停留在表面,还真正成了推动班级建设的有力抓手。同时,活动前还需要进行安全提示,如第一轮活动中安全使用长棒的注意事项、第二轮活动中鸡蛋搬运可能对环境产生的影响等,这些都需要充分考虑。安全提示不仅能确保活动顺利进行,还有助于培养学生的安全意识和责任意识。

第二节 七年级体验式活动课活动方案

七年级学生建班育人目标是归属认同、抗挫励志、持之以恒、创建特色,其活动方案如表 5-2 所示。

表 5‑2　七年级体验式活动课活动方案

建班育人目标		应用场景	活动主题	体验活动名称
归属认同 抗挫励志 持之以恒 创建特色	1. 通过体验式活动增强班级凝聚力与成员归属感,帮助学生在集体中明确自我定位,共同塑造具有特色的班集体文化 2. 借助体验式活动培养学生积极的心理品质,即建立乐观情绪与进取心态、锤炼坚强意志与抗压能力、塑造豁达坚毅的个性特征、培养持之以恒的处事态度	班级缺乏凝聚力	团结就是力量	穿越火线
		学生一言不合就"翻脸"	信任的力量	钟摆摇起来
		学生只顾自己,不关心他人和集体	留住美好的青春记忆	青春手帐
		学生遇到困难就摆烂、放弃,不愿意,也不敢去尝试,害怕失败	挑战不可能	食指的力量
		学生认为自己没有同学优秀	拥抱困难,走向阳光	进击的王者

案例 1

团结就是力量

【发现问题】

在教室里,班主任李老师眉头紧锁,目光扫过一张张青春洋溢却略显疏离的脸庞。班级的氛围似乎总是少了那么一些其乐融融,团队合作的任务总是显得力不从心,推诿扯皮的现象屡见不鲜。李老师决定打破这种僵局,她提出了一个新颖的任务:"以小组为单位,共同完成道德与法治课第一课的思维导图。"然而,小林的低语如同一股不和谐的风,轻轻吹散了这份提议的初衷:"不需要小组完成,我自己就可以搞定……"这句话,如同一面镜子,映照出了班级中潜在的个人主义倾向和团队精神的缺失。

【活动目标】

1.通过活动实践中的沟通与合作,让学生深刻体会团队合作的力量,从而培养他们的团队意识,增强班级凝聚力。

2.让学生在体验中学会沟通、协作,理解团队精神的真谛,进而将这种精神融入日常的学习生活中,促进班级整体的和谐发展。

【活动提示】

学生按照座位位置分成4～5个小组,每组人数尽量均衡,以保证活动的公平性和参与度。每组设一名观察员,负责计时、监督活动安全、记录违规行为,确保活动的公正和安全。

【活动过程】

1.情境导入阶段

播放视频《团结就是力量》(创意动画短片)。

(视频内容:几只企鹅在浮冰上休息,虎鲸忽然向它们发动袭击,眼看危险步步逼近,企鹅们联合起来,用自身重量翘起浮冰,把虎鲸撞晕了;蚂蚁们在搬运食物,队伍末端的蚂蚁眼看要被食蚁兽吸走了,为首的蚂蚁一声令下,蚂蚁们抱成团,变成一个大球,把食蚁兽憋晕了;一只海鸥在空中找寻食物,想把海滩上的螃蟹当成食物,这只螃蟹立马召集其他螃蟹一起,一同张开巨钳抵御天敌,海鸥来不及"刹车",羽毛被剪了。)

看了视频,大家对团结合作是否有了新的认识呢? 让我们一起来"穿越火线"吧!

2. 体验活动阶段

小组成员手拉手围成一圈,中间放置一个绳圈。

第一轮活动:

当班主任发出"开始"指令时,绳圈需依次穿过每位学生的身体,最终回到原位,全员举手齐喊"成功",计时结束。活动过程中,允许语言沟通,但手不能松开,也不能用手指勾绳圈,违规则需重新开始。

第二轮活动:

第一轮活动后,增加小组讨论时间,鼓励团队策略优化,随后进行第二轮挑战。第二轮挑战后,询问各组是否愿意再次挑战,以追求更短的完成时间。

3. 价值澄清阶段

(1) 引导提问

第一轮提问:

问题1:活动开始前,你们觉得这个任务难吗? 预计需要多久完成?(旨在了解学生的初步判断和预期)

问题2:完成任务后,感觉如何? 难度是否与同学们的预期相符? 为什么?(引导学生反思初步体验,认识团队合作的复杂性)

问题3:过程中是否出现慌乱? 原因何在? 我们该如何避免?(帮助学生识别并解决问题,提升团队协作能力)

问题4：是否达到了预期目标？为了达到目标,你们做了哪些努力？（强调目标导向,鼓励团队自我反思）

问题5：愿意与其他小组分享本组的亮点或不足吗？（促进团队间的相互学习和借鉴）

第二轮提问：

问题1：同学们需要讨论时间吗？预计能完成得更快吗？为什么？（鼓励学生制定策略,增强团队计划性）

问题2：与第一轮相比,你们做了哪些改进？效果如何？（引导学生认识到策略调整的重要性）

问题3：其他小组的分享对你们有帮助吗？具体体现在哪里？（强化团队间的正向影响,促进知识共享）

问题4：在完成活动的过程中,你认为哪些因素最为关键？（引导学生总结成功要素,深化团队合作理念）

问题5：作为完成得最慢的小组成员,你们认为慢的原因何在？你们愿意尝试其他组的方法吗？（鼓励自我反思,倡导开放学习）

问题6：活动中,对团队最有帮助的是什么？为什么？（聚焦团队建设的核心要素,强化团队精神）

问题7：学习生活中,有无类似情境？活动给你带来了哪些深刻的感悟？（将活动经验迁移到实际生活中,提升教育意义）

问题层层递进,既关注学生的即时体验,又引导他们深入思考团队合作的本质和价值。

（2）理论总结

同学们，通过今天这场紧张而又充满乐趣的体验式活动，我们共同经历了一段难忘的旅程。我看到了你们从最初的犹豫、探索，到后来的默契配合、勇往直前，每一步都凝聚着团队的力量和智慧，相信大家都真正体会到了团结的力量。

在这场挑战中，沟通成为了我们最锋利的武器，它让我们能够迅速传递信息，调整策略，共同面对困难。而合作，铸就了我们坚不可摧的"防线"，让我们在每一次尝试与突破中，都能感受到彼此的支持与鼓励。正是这份团队的力量，让我们一次次"穿越火线"，抵达胜利的彼岸。在未来的日子里，我希望你们能够将这份团队精神融入日常的学习生活，无论是小组讨论、班级活动，还是面对生活中的种种挑战，都能以团队的力量去应对，共同创造属于我们的辉煌。

4. 行动阶段

请学生将活动中感触最深的某个环节记录下来，思考它如何与我们的班集体建设相联系，针对可以如何改进，让班级成为一个更加温暖、和谐，充满正能量的集体等问题，提出自己的具体建议或看法。

【活动总结】

在意识到班级内部团队协作能力的欠缺后，班主任设计并实施了"穿越火线"这一团队挑战活动，旨在通过具体的任务情境，让学生亲身体验团队协作的重要性，并在此过程中提升他们沟通、协作与问题解决能力。然而，活动的实践过程中，既涌现了许多亮点，也暴露出了不少问题,值得深入反思与总结。

通过"穿越火线"活动,学生亲身体验了团队合作的艰辛与喜悦,这比任何说教都触动人心。两轮挑战之间的小组讨论,让学生学会了根据实际情况调整策略,提升了问题解决能力;活动中的相互支持与鼓励,让学生感受到了团队的温暖,增强了班级凝聚力;引导提问和课堂延伸环节,促使学生深入思考团队合作的意义,为班级建设提供了宝贵建议。

活动初期,部分小组出现了混乱与无序的情况,主要表现为成员间缺乏有效的沟通与协作,通过观察与分析,班主任发现这主要原因有:小组内部缺乏明确的角色分工与责任界定;对于规则理解不明确,不确定该如何做造成的。为应对这一问题,班主任及时介入了小组的讨论过程,帮助他们解读规则,明确各自的角色与任务,并引导他们建立有效的沟通机制。

活动中,班主任设计了一系列提问来引导学生反思团队协作的过程与结果。但这些提问多聚焦于团队层面的表现,缺乏对个体在团队中的角色、贡献与感受的关注。班主任应更加注重提问的全面性与深入性,确保能够触及每个学生的内心体验与成长需求。

案例 2

挑 战 不 可 能

【发现问题】

在学校即将举行的运动会上,新增了一个极具观赏性和挑战性的团体花样跳绳项目。然而,当班主任陈老师在班上提及此事,询问是否有学生愿意报名参加时,却得到了意想不到的沉默。学生面面相觑,纷纷摇头表示从未接触过这个项目,心里没底。有的学生担忧地说:"我们都没练过,而且现在距离运动会已经没几天了,这么短的时间内怎么可能学会并练好这么复杂的花样跳绳呢?"另一些学生也附和着,觉得这是一个不可能完成的任务。陈老师看着学生们一张张写满顾虑的脸庞,心中暗自思量:如何才能激发他们的信心,让他们勇于尝试这个新项目呢?

【活动目标】

1. 让学生亲身体验勇于尝试的重要性,敢于挑战"不可能",培养自信与勇气。

2. 通过活动让学生理解个体的力量汇聚起来能产生巨大的能量,让学生深刻体会团队合作的力量。

3. 激发学生的内在潜能,培养他们挑战自我、攻坚克难的积极性和主动性。

【活动提示】

确保活动场地安全,避免尖锐物品或障碍物对参与者造成伤害。活动不设人数限制,鼓励全员参与。学生可自愿担任体验者和挑战者角色。

【活动过程】

1. 情境导入阶段

同学们,想象一下,一根手指,它能够做什么?又能承担起多大的力量呢?或许日常中我们未曾深究,但今天,在这堂特别的活动课上,我们将一同揭开"手指"那不为人知的神秘面纱,亲身体验并见证那蕴藏在细小之中的巨大能量。准备好了吗?让我们携手,一起探索手指的奇妙世界,感受那份来自指尖的非凡力量!

2. 体验活动阶段

1名学生担任体验者,13名自愿参与挑战的学生作为挑战者。每位挑战者要伸出食指想办法把体验者抬离地面,志愿者全身离开垫子5cm,即为成功。体验者双手抱于胸前,每位挑战者只能有一根手指与志愿者接触。其他学生作为观察者,从不同角度仔细观察整个挑战过程。

在活动过程中,要始终确保体验者的安全,特别是头部的保护,防止在抬起或放下的过程中出现意外。鼓励挑战者在活动中积极沟通和协作,共同完成任务。要尊重每个人的努力和贡献,营造积极向上的团队氛围。

第一轮活动:

13位挑战者用一根手指尝试抬起体验者。这一轮主要是让参与者熟悉游戏规则和动作要领,同时体会团队合作的重要性。

第二轮活动:

在第一轮活动的基础上,换一位体验者,此轮体验者体重要求比第一轮体验者的体重更重,增加难度后重复第一轮活动过程。

3. 价值澄清阶段

(1) 引导提问

问题1:在活动开始前,你们是怎么看待这个任务的,大家觉得会

成功吗？为什么？（旨在了解学生的初始态度和预期，并引导他们思考信心或疑虑的来源）

问题2：成为挑战者（体验者）时，你有什么想法？挑战过程中，有哪些感觉？抬起体验者（被体验者抬起来）的瞬间，内心有哪些感受和想法？（帮助学生回顾体验细节，识别身体反应与情绪变化，促进自我觉察）

问题3：你们觉得第二轮挑战能成功吗？对比两次活动，大家觉得有什么不同？（引导学生对比两轮表现，分析团队协作或策略调整带来的进步）

问题4：生活中有没有一些事情，是你一直渴望去做却从来没有尝试过的？通过今天的活动，你有什么感受和体会？（鼓励学生联系实际生活，反思行动障碍，并从活动中提炼克服困难的积极经验）

从任务预期、个体体验到团队进步，最终延伸至生活应用，逐步深化学生对挑战、协作与行动力的思考。

（2）理论总结

我们通过"食指的力量"这一活动挑战了曾经以为的不可能，深刻体会到了个体虽小，但当大家的心紧密相连，力量汇聚一处时，便能创造出超乎想象的奇迹。这不仅是一场关于力量的展示，更是一次心灵的触动，让我们明白了团队合作的力量是何等强大。正如一根手指或许微不足道，但当所有的食指协同努力，却能支撑起远超想象重量的物品，这正是我们集体智慧的结晶，是团结协作精神的最佳注解。

更重要的是,今天我看到了你们每个人内心深处未被发掘的潜能被悄然唤醒。面对挑战,你们没有退缩,而是以一种前所未有的积极性和主动性,攻坚克难。今天不仅仅是完成了一项任务,还希望大家学会如何在未来的日子里,面对生活的各种挑战,都能保持那份最初的勇气和坚持。生活充满了不可预见的挑战,而我们拥有无尽的潜能,未来的可能性有多大,只取决于你如何对待当下。改变,从每一次自信的尝试开始。

4. 行动阶段

让学生结合自身或班级实际发生的类似事件,设定一个自己认为"有难度但并非不可能"的个人挑战目标,这个目标可以是学习上的,也可以是其他任何方面的。然后制定相应的计划,并写在周记本上。

【活动总结】

本次"食指的力量"活动取得了显著成效,全面达成了预设的教学目标。通过亲身体验用一根手指抬起一个人的挑战,学生们深刻感受到了勇于尝试的重要性。活动中,学生们从最初的怀疑到后来的惊喜,不仅增强了自信心,也培养了面对困难的勇气。许多学生在挑战成功后,眼中闪烁着前所未有的光芒,那是自信与成就感交织的火花。

活动巧妙地设计了团队合作的环节,让学生们亲身体验每个个体虽小,但汇聚起来却能产生惊人的能量。两轮挑战中,随着体验者体重的增加,难度也随之提升,但挑战者们通过更加紧密的沟通和协作,最终克服了困难,成功完成了任务。这一过程深刻诠释了团队合作的力量,让学生们意识到,在团队中每个人的贡献都至关重要,相互支持、共同努力才能创造奇迹。

活动有效激发了学生的内在潜能,培养了他们挑战自我、攻坚克难的积极性和主动性。通过引导提问,学生们反思了个人与团队的关系,以及面对挑战时的心态变化,许多学生表示在生活中也会像这次活动一样,勇于尝试、不畏困难,积极追求自己的梦想。

在活动准备阶段,虽然对场地安全进行了检查,但在实际活动过程中,仍有可能发生因个别学生过于兴奋而未能严格遵守安全规范的情况,如手指放置位置不当等,存在安全隐患。应进一步加强安全教育,确保每位学生都能在安全的环境中参与活动。

活动过程中的时间管理十分重要。特别是在体验活动阶段,学生参与度极高,讨论和尝试的时间较长,可能会导致后续的价值澄清阶段时间紧张。应更加精细地规划活动时间,确保每个环节都能充分展开,同时保证整体活动的流畅性。

虽然活动设计了"引导提问"来促进学生反思,但在实际操作中,部分学生的回答较为表面,未能深入了解活动背后的深层意义。班主任应设计更多开放性问题,鼓励学生深入思考,同时提供足够的空间和时间让学生分享个人感悟,以促进更深层次的学习和成长。

第三节　八年级体验式活动课活动方案

八年级学生建班育人目标是悦纳自我、学会感恩、凝心聚力、合作共进，其活动方案如表5-3所示。

表5-3　八年级体验式活动课活动方案

建班育人目标		应用场景	活动主题	体验活动名称
悦纳自我学会感恩凝心聚力合作共进	1. 通过体验式活动，引导学生互相尊重、彼此包容，以平等、守信、合作、真诚的原则相处，理解宽容待人，愿意帮助他人，班集体能齐心协力，共同进步 2. 引导学生尊敬师长，孝敬父母。对师长尊重有礼貌，对父母主动关心，能用正确的方式沟通交流，增进感情，愿意接受老师和父母的引领和指导，有感恩之心，同时，教育学生注重自我修养，对自己有正确的认知，自尊自爱，促进自我认识，增强自信	小组合作有分歧，组员不愿意配合	合作与竞争	数字传递
		无法正确看待自己或别人的优缺点	优点、缺点旋转门	石头剪刀布
		课堂纪律不好，任课老师向班主任告状	齐心协力共同体	风雨奏鸣曲
		父母闹离婚，沉浸于烦恼中无法自拔	抛却烦恼，保持积极心态	烦恼和意外
		学生不懂得感恩父母	感恩父母	我了解的父母

案例 1

优点、缺点旋转门

【发现问题】

教室里,小佳静静地坐在座位上,目光不时投向活泼开朗的小美,眼中满是羡慕。小美周围总是围绕着一群朋友,笑声不断,而小佳则因为自己的外貌和性格感到自卑,渴望也能拥有那样的友谊和自信。

【活动目标】

1. 帮助学生正确认识并接纳自己的优缺点,树立自信。

2. 通过活动促进学生间的相互了解和情感交流,营造和谐的班级氛围。

3. 引导学生学会感恩,珍惜他人的赞美与帮助,培养正面的人际交往态度。

【活动提示】

全班共同参与活动。

【活动过程】

1. 情境导入阶段

今天我给大家讲个故事。一天,小佳静静地坐在一旁,看着同学小美与朋友们欢声笑语,心中不禁生出几分羡慕与渴望。小佳因为对自己的外貌和性格感到自卑,有所顾虑而不敢敞开心扉,她多么希望能像小美那样,自信地绽放笑容,拥有真挚的友谊。同学们,你们知道吗?每个人都有自己的闪光点,也有需要成长的地方。小佳的细腻与内敛,或许正是她独有的魅力;小美的开朗与热情,让她成为大家心中的小太阳。今天,就让我们一起探索如何正确认识并接纳自己的优点和缺点,让自信在我们心中生根发芽。

2. 体验活动阶段

每位学生在六张 N 次贴上分别写出自己身上最喜欢的三个优点和最不喜欢的三个缺点。

全班写完后,选择六位不同的学生两两猜拳,一局定胜负,获胜者可从对方手中的六张 N 次贴中选择一张自己想要的,并把手中最不喜欢的一张给予对方。完成六次猜拳后,活动结束。

3. 价值澄清阶段

(1) 引导提问

问题1:当你获胜时,可以将自己最不喜欢的"缺点"传递出去,同时选择一张他人手中的"优点",你是如何选择的?背后的原因是什么?(引导学生反思自己的价值取向和决策动机,思考优点与缺点对自身的影响)

问题2:当你猜拳失败,不得不接受别人传递的"缺点",同时还要失去一个自己喜欢的"优点"时,你的情绪是怎样的?这种体验让你产生了哪些想法?(帮助学生识别负面情境下的情绪反应,并鼓励他们表达内心的真实感受)

问题3：你是怎么看待你拿到的"优点"或者"缺点"的？它们是否符合你对自己的认知？（引导学生自我反思，分析他人评价与自我认知之间的关系）

问题4：是否有同学手中的纸片全是"优点"或"缺点"的？面对这种情况，你的感受是什么？（关注极端情况下的心理体验，培养学生的同理心，并思考公平与偶然性的影响）

问题5：结合平时的班级生活，同学之间是否也会互相评价优缺点？当你听到他人对你积极或消极的评价时，心情如何？你认为应该如何正确对待这些给予不同评价的同学？（联系实际生活，探讨评价的影响，引导学生学会理性看待他人反馈，并培养包容心态）

问题6：通过今天的活动，你获得了哪些启示？未来应当如何更客观地看待自己的优点和缺点？（总结活动收获，鼓励学生建立积极的自我认知，并思考如何改进不足、发挥优势）

从个人选择、情绪体验，到自我认知、他人评价，最终落脚于如何正确看待优缺点，并将其应用于实际生活，层层递进，既关注学生心理感受，又引导其理性思考。

（2）理论总结

同学们，今天我们的活动就要接近尾声了，本次活动促进了彼此之间的了解和情感交流。我们勇敢地探索了自己的内心世界，通过优点和缺点的探索，学会了正视并接纳自己，每个人都是独一无二的自己，都值得被尊重和爱护。每个人的背后都有着独特的故事和闪光点,而正是这些不同,让我们的班级丰富多彩,充满活力和温暖。同学们,让我们将这份自信、深厚的友谊和感恩的心态带入我们的日常生活,共同营造一个更加和谐、温馨的班级。

4.行动阶段

请学生结合活动感悟,选择自己的一个优点或者缺点,谈谈自己的新认识,并写出优化或者改进的具体举措。

【活动总结】

活动要求每个人都参与,确保每位学生都能充分参与并有机会表达自己,有效激发了学生的自我反思能力。活动过程中,学生会发现对自己的认识不足,无法很快地写出自身的优点和缺点。

本活动旨在帮助学生更深入地认识自己,学会接纳自己的优点和缺点,并在同学之间建立更加和谐的关系。

通过引导提问,班主任引导学生深入思考自己在活动过程中的感受。有的学生把自己最不喜欢的缺点给别人,选择自己最欣赏的优点;有的学生在选择的时候发现自己的优点或者缺点别人也有;有的学生甚至发现某些别人眼中的缺点在自己眼里却不算缺点。这种发现和选择的多样性正是活动所期望的,它帮助学生从另一个角度审视自己。

活动最后,班主任引导学生联系平时的班级生活,思考同学之间的相互评价。许多学生表示,听到积极的评价时他们会感到开心和自信,而听到消极的评价时则会感到沮丧或愤怒。通过讨论,学生们逐渐认识到,不同的评价是客观存在的,重要的是正确对待这些评价。总体来看,本次活动基本达到了预期目标。学生们通过活动加深了对自我的认识,学会了接纳自己的优缺点。同时,他们也在互动中增进了对同学的了解,学会了以更加积极和正面的态度对待自己和他人。这些成果不仅体现在活动过程中的表现上,更体现在活动结束后学生们的反馈和感悟中。

案例2

抛却烦恼,保持积极心态

【发现问题】

近期,学生小张情绪低落,常被同学发现独自躲在楼梯角落啜泣。班主任刘老师得知后,关切地与她沟通,了解到其父母其中一方因公司裁员,家庭经济状况陷入困境,夫妻关系也因此紧张,甚至面临离婚的危机。在多重压力下,小张深感无助与悲伤,内心积压了难以排解的烦恼。

【活动目标】

1. 帮助学生认识到每个人都有不完美之处,要学会接纳自己的不足,同时认识到困境也是生活常态,从而增强同理心。

2. 通过具体活动让学生积极面对不如意,体验并理解面对困难和挑战时,积极寻找解决方案比逃避更有益。

3. 引导学生认识到即使在最艰难的时刻也有值得珍惜的事物,如家人的爱、朋友的陪伴等,学会珍惜和感恩。

【活动提示】

将班级同学分成若干小组,每组 6～8 人,确保每位学生都能参与并表达自己的想法。

【活动过程】

1. 情境导入阶段

同学们,在我们每个人的生活中,或许都曾遇到过不如意的时刻,那些让我们感到困惑、沮丧甚至想要逃避的瞬间。生活并不总是风和日丽,有时也会风雨交加。但正是这些不完美、这些挑战,构成了我们丰富多彩的生活。它们像是一面面镜子,让我们看到自己的不足,也教会我们成长。今天,我们将通过"烦恼和意外"活动,一起学会如何面对生活中的不如意,如何在困境中找到希望的光芒。

2. 体验活动阶段

每位学生将一个自己所认为的,当前在学习或生活中最大的烦恼匿名写在空白卡片上,折叠后投入事先准备好的"烦恼箱"中,再匿名写一个内心最不希望发生的事投入"意外箱"。(鼓励学生坦诚表达内心最真实的烦恼和恐惧,匿名形式保护了学生的隐私,增加了学生参与的勇气)

每位学生分别从两个箱子里随机各抽一张"烦恼"和"意外"。抽完后不要打开看内容,先直接坐回自己小组。等每位学生都抽完回到座位后,班主任再请学生打开抽到的"烦恼"和"意外"。(通过抽取他人的烦恼和意外,促使学生换位思考,理解他人的难处,同时对比自身情况,促进自我反思)

每位学生在 A4 纸上,写下自己抽到这两张卡片的感受,以及如果遇见以上的烦恼和意外时自己的应对处理对策、方法,限时五分钟,然后小组内交流分享并补充应对方法。(小组内的交流分享不仅提供了情感支持,还激发了学生之间的相互学习和策略借鉴)

各个小组彼此分享交流。(扩大交流范围,让全班学生都能从他人的经验中获得启示,增强班级凝聚力)

3. 价值澄清阶段

(1) 引导提问

问题 1:你抽到的"烦恼"和"意外"是什么?它们和你自己生活中遇到的烦恼或意外有相似之处吗?(引导学生对比外部问题与自身经历,建立初步联系)

问题 2:当你看到这两张卡片时,内心的第一反应是什么?产生了哪些感受或想法?(关注学生的即时情绪反应,鼓励他们表达真实心理、展现真实状态)

问题 3:如果这些"烦恼"或"意外"真实发生在你身上,你会采取哪些方式来应对?(激发学生思考解决问题的策略,培养其应变能力)

问题 4:与你抽到的"烦恼"或"意外"相比,你对自己生活中的类似问题是否有新的发现或不同的看法?(引导学生通过对比反思自

身问题，深化自我认知）

问题5：你已具备哪些个人优势或资源，能够帮助你更好地应对这些烦恼和意外？（帮助学生挖掘自身潜力，强化积极应对问题的信心）

问题6：听完同学们的分享后，你有哪些新的感受或启发？他人的应对方式给你带来了什么新的思考或收获？（通过集体智慧拓展视角，鼓励学生借鉴他人经验，完善自我应对策略）

从问题认知、情绪反应到解决策略，从资源挖掘到集体智慧借鉴，逐步引导学生深入思考应对烦恼和意外的方法，最终落脚于个人成长与经验整合。

（2）理论总结

同学们，通过今天的活动，我们每个人都勇敢地袒露了自己的心声，将那些在学习和生活中困扰我们的烦恼，以及内心深处最不愿面对的意外，以匿名的方式倾诉了出来。看到你们能够如此坦诚地面对自己的不完美和困境，我真的非常欣慰。这本身就是一种成长、一种勇气。我们每个人都不是完美的，生活中也总会有不如意的时候，但正是这些不完美和困境，构成了我们独一无二的人生经历。通过今天的活动，希望大家能够更加深刻地认识到，接纳自己的不足、正视生活的常态，是增强我们同理心、理解他人的第一步。逃避永远解决不了问题，只有勇敢地面对，积极地寻找出路，我们才能真正地成长和进步。

最后，我们还一起思考了在最艰难的时刻值得我们珍惜的事物。家人的爱、朋友的陪伴、老师的关怀，这些都是我们生命中不可或缺的宝贵财富。无论何时何地,你都不是一个人在战斗。面对困难和挑战,用积极心态寻找解决方案远比逃避更能让我们变得强大。

4. 行动阶段

请在课后寻找自己解决烦恼、应对意外的资源、方法和策略。鼓励学生将活动中的收获转化为实际行动,寻找资源、制订具体的应对计划。

【活动总结】

"烦恼"与"意外"的匿名投递环节为学生提供了一个安全、私密的表达空间。许多学生首次在集体环境中坦诚地分享了自己的内心世界,这不仅是一种情感的释放,也是建立信任与共鸣的开始。小组内的分享进一步加深了这种情感联结,让学生感受到自己并不孤单,有人愿意倾听他们的声音。

通过对比个人烦恼与他人烦恼,学生开始从更广阔的视角审视自己的问题,意识到每个人的生活都有其不易之处。这种对比不仅减轻了学生的自我责备,还促使他们更加客观地看待自己的处境,从而增强自我接纳的能力。学生学会了以更加宽容和理解的态度面对自己的不完美,这是个人成长中极为重要的一步。

小组讨论中,学生们积极贡献智慧,为彼此的烦恼提出了多种应对策略。这些策略既有实际操作的建议,如寻求家人帮助、制订学习计划等,也有心理调适的方法,如正面思维训练、情绪管理技巧等。更重要的是,学生们开始尝试将这些策略应用到自己的生活中,展现出了积极的改变意愿和行动。这提升了学生的问题解决能力,使学生面对问题时从被动接受转为主动应对。

活动过程中,同学之间的相互倾听、支持与鼓励,极大地增强了班级的凝聚力。通过活动,大家意识到,面对困难时我们不是孤立无援的,身边总有愿意伸出援手的人。鼓励学生咨询身边的人,如家人、朋友、教师等,寻找解决之道。通过感受集体的力量,学生明白个人的成长与集体的支持密不可分,每个人都是班级大家庭中不可或缺的一员。

虽然活动设计涵盖了多个重要环节,但在实际操作中由于时间限制,部分环节的探讨较为浅显,尤其是班级分享阶段,参与人数过多,每个学生的发言时间有限,导致一些有价值的观点未能得到充分讨论。可以考虑将活动分为两个课时,或者减少某些环节的参与人数,以确保每个环节都能有足够的时间进行深入探讨。同时,可以利用课后作业或在线平台延续活动的讨论,让每个学生都有机会充分表达自己的想法。

虽然小组讨论提供了一定程度的支持,但对于某些有特殊需求或特别内向的学生来说,这种支持可能仍然不足。他们可能因害怕在众人面前发言而选择沉默,导致他们的声音被忽略。班主任应更加主动地观察学生的反应,对于表现出紧张或回避的学生,可以私下进行一对一交流,了解他们的真实想法,并提供有针对性的指导和支持,确保他们能获得最大的帮助。

第四节 九年级体验式活动课活动方案

九年级学生建班育人目标是发掘潜能、自立自主、规划人生、迎接挑战,其活动方案如表5-4所示。

表5-4 九年级体验式活动课活动方案

建班育人目标		应用场景	活动主题	体验活动名称
发掘潜能 自立自主 规划人生 迎接挑战	1. 通过体验式活动引导学生自重、自立、自省、自强,注重自我修养和品格涵养,同时,能够确立未来发展目标,逐步思考规划今后的学习、人生 2. 通过体验式活动,培养学生积极乐观的生活态度,充分挖掘学生潜力,让学生学会勇敢面对生活、学习中的各种挑战,提高在未来社会生活中的适应能力和发展能力,使其能更好地应对各种困难	学生不知道怎样规划自己的未来	我的职业兴趣	职业兴趣岛
		事情太多,没有头绪,不知道如何抓重点	抓住事情的关键点	心有千千结
		数学学科学习困难	发现我的潜能	穿越 A4纸
		中考前学习压力大	舒缓学习压力 ABC	气球总动员
		考试考砸后全盘否定自己	从不同角度,创造性地看待问题	百变黑点

案例 1

我的职业兴趣

【发现问题】

提到职业规划,大部分初中生都比较迷茫,一来是由于缺少对自我的认识,不知道自己想做什么;二来是接触的职业比较少,不知道自己可以做什么。因此他们往往没有学习目标,缺乏动力,表现为"不知道以后要做什么""爸妈希望我以后做什么我就做什么"等无所谓的心态。

【活动目标】

1. 使学生明确自己的职业兴趣类型,增强自我认识。

2. 引导学生探索与自身兴趣相匹配的职业领域。

3. 启发学生思考如何将个人兴趣与未来职业相结合,初步规划生涯发展。

【活动提示】

全班学生参与活动,选择宽敞明亮的教室或活动室,确保每组有足够的空间进行分享交流。提前准备霍兰德职业兴趣测验 PPT,让学生在活动中进行测试。

【活动过程】

1. 情境导入阶段

恭喜你得到一次免费旅行的机会,可以去以下六个小岛住一个月,这六个岛屿各具特色:A 岛弥漫着浓厚的艺术文化气息;S 岛居民个性温和、友善、乐于助人,重视互助合作,充满人文气息;E岛居民善于企业经营和贸易,能言善道;C岛的建筑十分现代化,居民个性冷静保守,处事有条不紊,善于组织规划,细心高效;R岛居民大多擅长手工活动,自己种植花果蔬菜、制作工具,喜欢户外运动;I岛有很多天文馆、科技博览馆及图书馆,居民喜好观察、学习。请不要考虑其他因素,仅凭自己的兴趣、喜好选择最想去的岛屿。

2. 体验活动阶段

班主任利用PPT展示六大岛屿的具体特色,给学生一分钟考虑时间选择岛屿,考虑好了便去放着相应岛屿名字的小组坐下,如果坐满了可以选择其他岛屿。(学生初步表达自己的职业兴趣倾向)

学生坐定后选择对应的彩色卡片,写上选择这个岛屿的理由和自己适合这个岛屿的理由。(让学生进一步明确自己的兴趣点和优势)

选择同一个岛屿的小组成员分享交流自己的理由和特长,看看是否有相似点。(促进学生间的相互了解,同时加深对自身兴趣的认识)

班主任揭示六个岛屿代表的六种典型的生涯兴趣类型,让大家对应查看自己选择的是哪类。

A艺术型:拥有语言、美术、音乐、戏剧、写作技能,有创意、敏感,擅长通过构思新方法来解决问题。适合从事艺术家、厨师、摄影师、音乐教师、作家、演员、记者、诗人、橱窗设计师等职业。

S社会型:能够从事与人亲近的工作,善于言谈,乐于与人相处、给人提供帮助,具有人道主义倾向,责任心也较强。适合从事咨询、培训、辅导、劝说类工作,如教师、医护人员、行政人员等职业。

E 企业型:具有说服、管理、监督和领导等技能,喜欢制定新的工作计划、事业规划以及设立新的组织,并积极地发挥组织的作用进行活动。适合运用口语技巧来说服他人的职业,如推销员、采购、经理、广告宣传员、调度员、律师、政治家、零售商等。

C 传统型:喜欢高度有序、要求明晰的工作,对于规划模糊、自由度大的工作不太适应。适合从事事务类工作,如银行职员、会计、出纳、计算机操作人员、办公室职员等职业。

R 现实型:能够执行需要机械能力、体力或协调力的活动,如处理物体、操作机械、使用工具、照料植物和动物等。适合从事木匠、农民、技师、工程师、飞机机械师、鱼类和野生动物专家、自动化技师、机械工、电工、无线电播报员、火车(长途公共汽车)司机、机械制图员、电器维修工、工程师等职业。

I 研究型:能够执行需要观察、评估、分析技能的活动,善于解决问题。适合从事气象学者、生物学者、天文学者、药剂师、动物学者、化学家、科技报刊编辑、地质学者、植物学者、物理学者、数学家、实验员、科研人员等职业。

3. 价值澄清阶段

(1) 引导提问

问题 1:与你登陆同一个岛屿的同学是否与你有相似的特长或兴趣?通过小组分享你有什么发现?(关注学生间的相似性与差异性,

引导学生认识兴趣的共同点和独特性）

问题2：根据测试你属于哪种类型？具有哪些特质？是否符合你的预想？（结合测验结果，让学生反思自己的特质是否符合预想，增进自我认知的深度）

问题3：你是否曾经预想过今后的职业？你认为自己拥有的特长是否适合你的生涯发展方向？（引导学生思考职业预想与特长的匹配度，启发他们思考如何将兴趣转化为职业优势）

问题4：你打算如何将学习兴趣与职业兴趣结合在一起？（探讨学习兴趣与职业兴趣的结合方式，鼓励学生寻找两者间的联系和融合点）

问题5：如果想要从事自己的理想职业，现在需要做哪些准备？（聚焦理想职业的实现路径，引导学生思考当前需要做的准备，制定实际可行的计划）

（2）理论总结

同学们，经过今天这堂妙趣横生的"职业兴趣岛"探索之旅，我们共同开启了一场关于自我认知与未来规划的深度对话。这不仅是一堂课，更像是一把钥匙，为你们打开了通往无限可能的大门。

首先，通过霍兰德职业兴趣测评，我们完成了一次对自我的深度"扫描"。这个测评就像一面魔镜，不仅照出了你们潜在的职业兴趣类型，更让许多同学惊喜地发现，原来自己的内心深处藏着这样的天赋与热情。那些曾经模糊的自我认知，在这一刻变得清晰可见。就像在黑暗中点亮了一盏明灯,你们未来的方向不再迷茫,更是多了一份笃定与期待。

随后,我们用六种颜色代表六个充满魅力的"兴趣岛屿",开启了一场职业探索的奇幻漂流。我看到你们眼中闪烁的光芒,那是对未知世界的好奇与向往;听到你们热烈的讨论声,那是对理想职业的憧憬与想象。每一个岛屿都是一次心灵的对话:有人触摸到艺术的灵魂,有人感受到科技的脉搏,有人体会到人文的温度……这些探索不仅让你们看到了职业的多样性,更让你们开始在脑海中勾勒未来的自己——或许站在三尺讲台,或许在实验室从事科研,或许用画笔描绘世界。而卡片的填写,则是将这份探索转化为行动的起点。你们认真写下自己的兴趣、优势与目标,用文字描绘出一张张生动的生涯蓝图。这不仅仅是一张纸,更是你们对未来的郑重承诺,是对梦想的勇敢宣言。

今天的活动,只是你们生涯规划旅程的序章。未来,无论你们选择哪条道路,都请记住:将兴趣融入职业,让热爱成为动力。当你们为热爱的事业全力以赴时,每一天都将充满意义;当你们在热爱的领域深耕细作时,成功终将水到渠成。

愿你们带着今天的收获,勇敢追梦,在属于自己的天空中翱翔!

4. 行动阶段

生涯规划如同绘制一幅绚丽的彩虹图,需要以清晰的自我认知为起点,以明确的职业目标为指引,用兴趣与技能编织成长的阶梯。

请学生尝试填写一张"生涯彩虹卡",将梦想具象为可操作的行动方案。

请学生在彩虹卡片的最外层写下自己期望的职业发展目标。这个目标可以是具体的职业名称(如"成为一名人工智能工程师"),也可以是某个领域的发展方向(如"在环保领域推动可持续发展")。请学生在彩虹卡片的最内层,认真填写自己现有的特长与能力。可以是擅长的学科(如数学、英语)、技能(如编程、绘画),或独特的个人特质(如逻辑清晰、善于沟通)。再根据彩虹的形状,从内层向外层,逐层填写达成目标所需补充的兴趣或技能,并为每一项补充的兴趣或技能设定合理的时间节点(如"2026 年 1 月前掌握 Python 基础")。全部完成后请向父母展示你的"生涯彩虹卡",并分享你的规划。

【活动总结】

活动中,学生表现出较高的参与热情,特别是在岛屿选择和小组分享环节,能够积极表达自己的观点和感受。学生们通过霍兰德职业兴趣测验,对自己的职业兴趣有了初步的认识。在岛屿的选择理由阐述环节,学生们积极表达了自己的偏好和理由,展现了多样化的兴趣倾向。小组分享时,学生们相互倾听、相互交流,进一步加深了对自身兴趣的理解。活动有效地促进了学生的自我认知,帮助他们认识到自己的兴趣是多样化的,也是可以被探索和培养的,为初三学生未来的职业选择和生涯规划奠定了坚实的基础。

"引导提问"环节帮助学生意识到规划的重要性,使他们开始思考自己的兴趣与未来职业的关系。通过测验和交流,学生对自己的职业兴趣有了更清晰的认识,部分学生能够明确自己的职业倾向和特长,初步设想自己未来的职业方向,并表达了将兴趣转化为职业的意愿,开始尝试将个人兴趣与未来职业相结合。在填写"生涯彩虹卡"环节,学生们更是将自己的理想职业、现有特长和所需技能以可视化的方式呈现出来,制订了初步的生涯规划。

虽然活动设计了小组分享和测验结果揭示环节,但对于个别学生的个性化指导仍显不足。部分学生对自己的测验结果感到困惑、不解,但未能得到及时的解答和指导。活动过程中发现,班主任在专业知识、技能和经验方面还存在一定的不足。在面对学生多样化的兴趣和需求时,会感到力不从心,需要通过进一步学习,以便对学生的问题提供更具针对性的建议和指导。

此外,活动虽然激发了学生的生涯规划意识,但生涯规划教育是一个长期持续的过程,需要更加深入、全面的教育内容和方式。本次活动在深度和广度上还存在一定的局限性。

案例2

活动主题: 舒缓学习压力 ABC

【发现问题】

中考的脚步越来越近,学生都在紧张地复习准备。班主任李老师每次进教室都看见大家在埋头苦干,教室里弥漫着凝重的备考氛围。某天,小玲做着考卷突然哭了,李老师一问才知道,她做考卷的时候发现有几题自己还不会做,觉得自己好差劲。

【活动目标】

1. 通过轻松有趣的活动,让学生暂时从紧张的复习中抽离出来,放松心情,减轻压力。

2. 通过活动过程中的体验与分享,了解压力产生的原因。引导学生认识到压力不仅来源于学业本身,还与个人心态、外界环境等因素有关。

3. 通过不同规则的吹气球比赛,让学生直观感受外在因素如何影响自身压力水平,学会调整心态以适应变化。

4. 通过小组讨论和经验分享,鼓励学生在面对压力时主动寻求他人帮助,学会合作与分享,共同应对挑战。

【活动提示】

学生两人一组进行体验,也可安排部分小组担任观察组。1~2轮体验后,观察组和体验组进行轮换。

【活动过程】

1. 情境导入阶段

同学们,长时间的紧张学习是否让你们感到一丝疲惫? 今天,我们将暂时放下手中的笔和书,参与一场特别设计的"气球总动员"活动。在活动中,我们将通过一系列环节,引导大家去探索、去感受那些在日常生活中不易察觉的压力来源。我们会一起体验,当外界环境或个人心态发生变化时,我们的内心是如何产生反应的。更重要的是,我们将学习如何调整自己,以更加积极的心态去面对这些变化和挑战。现在,就让我们带着一颗开放的心,一起来体验吧!

2.体验活动阶段

将吹气球比赛分为三轮进行,每组两人,可以多组同时进行。每轮比赛限时一分钟,气球被吹爆则直接失败。

第一轮比赛:

每组两名学生进行比赛,面对面吹气球,规定时间内谁吹的气球大则获胜。(让学生初步体验竞争与压力,同时观察对手的表现,感受直接竞争带来的心理压力)

第二轮比赛:

每组两名学生进行比赛,背对背吹气球,互相看不到对方的气球,规定时间内谁吹的气球大则获胜。(通过增加不确定性,即无法看到对手气球的大小,让学生体会在信息不对称情况下的心理压力变化,学会在不确定中寻找自我节奏)

第三轮比赛:

每组两名学生进行比赛,面对面,戴上眼罩,在看不到自己的气球的情况下吹气球,规定时间内谁吹的气球更大便为胜者。快到规定时间时,班主任故意扎破一个事先准备好的气球。(进一步增加难度,让学生在完全看不到自己气球的情况下进行比赛,引导学生关注

内在感受,学会在未知和突发状况下保持冷静与专注)

最后全班学生一起踩爆气球。

3. 价值澄清阶段

(1)引导提问

问题1:三轮比赛对你而言有什么不同吗?说说具体有哪些不同?这些不同对你有什么影响?(提问学生在三轮比赛中的不同感受,引导学生认识到规则变化对心理状态的影响)

问题2:比赛时看不到对方气球和能看见对方气球的感受有什么不同?(探讨看不见对手气球时的心理变化,引导学生思考视觉信息对压力感知的作用)

问题3:当你在参加比赛的过程中听到气球爆炸的声音时,你是怎么想的?(询问学生听到气球爆裂声时的第一反应,引导学生反思自己在面对突发情况时的应对机制以及对结果的影响)

问题4:能不能根据你的理解,谈谈三次比赛环节设置不同的意义?(引导学生深入探讨不同比赛环节设置的意义,理解外在因素如何影响内心状态)

问题5:大家觉得活动中的气球象征着什么?最后踩爆气球的那一刻你有什么感受?(让学生思考气球在活动中的象征意义,以及踩爆气球时的心理释放感)

问题6:这个活动会让你联想起现实生活中的哪些情境?对此你有什么新的感悟或启示?在学习生活中,面对压力时你有什么应

对方式?(将活动体验与现实生活相联系,分享面对压力时的不同应对方式)

(2)理论总结

同学们,今天我们通过一系列轻松有趣的活动,成功地为大家紧张的复习生活按下了一次暂停键。在这短暂的时光里,我看到了你们脸上洋溢的笑容,感受到了你们心灵的放松。这不仅仅是一次简单的休憩,更是一次心灵的洗礼,让我们共同体会了从学业压力中暂时抽离的美好。

在活动中,我们通过体验与分享,深入探讨了压力的多重来源。大家逐渐认识到,压力并非仅仅源于学业本身,它还与我们的个人心态、外界环境等因素紧密相连。这种认识对于我们理解压力、管理压力至关重要。特别值得一提的是,不同规则的吹气球比赛让大家直观感受到了外在因素如何微妙地影响着我们的压力水平。通过这个活动,大家学会了在变化中调整心态,以更加从容的姿态去面对生活中的各种挑战。最后,小组讨论和经验分享的环节更是将我们紧密相连。在这个过程中,大家不仅分享了如何面对压力,更学会了如何主动寻求他人帮助,如何与他人合作,共同应对生活中的困难和挑战。希望大家能记得今天的欢笑与收获,以更加积极、乐观的心态去迎接每一个明天。

4.行动阶段

通过活动了解到外在因素会对自身压力产生影响。请学生找老师、同学或者父母,聊聊自己目前最大的压力,听听别人的释压建议,思考适合自己的缓解和应对压力的方式。

【活动总结】

希望通过活动舒缓初三学生的学习压力。学生在参与活动时,脸上洋溢着笑容,不时发出欢快的笑声,感受到了轻松与乐趣。特别是踩爆气球环节,学生纷纷表示,随着气球的爆炸,内心的压力也得到了释放,感到前所未有的轻松与自在。这种情绪上的积极变化,对于缓解备考期间的紧张与焦虑具有重要意义。通过此次活动,不仅让学生在紧张的学习之余得到了放松与释放,更重要的是,让他们学会了正视压力、理解压力,并尝试寻找适合自己的应对方式。

通过三轮不同规则的吹气球比赛,学生不仅体验到了竞争带来的压力,更学会了从不同角度审视压力。面对面吹气球时,学生感受到了直接竞争的压力;背对背吹气球时,体会到了信息不对称带来的不确定性压力;戴眼罩吹气球时,学会了在完全未知的情况下保持冷静与专注。这些体验让学生深刻认识到,压力并非完全由外界环境决定,而是与个人心态、应对方式等因素密切相关。

"引导提问"环节层层递进,有助于学生逐步深入了解自我,反思自己的行为与心态,促进个人成长。在活动的分享环节,学生积极发言,分享了自己在比赛中的感受与收获。他们谈到了面对压力时的恐惧、焦虑,也谈到了通过调整心态、寻求帮助等方式克服压力的喜悦与成就。这种自我反思与分享的过程,不仅加深了学生对压力的认知，也提升了他们管理压力的能力。

由于时间限制，虽然活动设置了三个环节，但学生在每个环节中的参与深度有限。例如，在分享环节，部分学生可能只是简单地陈述了自己的感受，未能深入探讨压力产生的根源、应对策略的有效性等更深层次的问题。班主任应做好时间规划，调整活动安排，促进活动的深度与广度。在压力管理策略的介绍与分享方面，班主任可以引入更多科学的心理调适方法，如正念冥想、情绪调节技巧等，以丰富学生应对压力的"工具箱"。

后　　记

　　与体验式活动结缘,始于 2011 年 10 月。彼时,虹口区教育学院德研室的李金瑞主任引进了台湾共好团队的体验式培训项目,主要面向心理老师。虽然我不是心理老师,但在李主任和德研员姜颖老师的鼓励下,我有幸作为全区唯一一位班主任,参与了为期一年的半脱产培训,跟随廖炳煌老师的团队深入学习体验式活动,领略了体验式教育的独特魅力。

　　此后,我作为虹口区体验式种子师资教师,参与了区内老师的培训工作。自此,体验式理念便融入了我的学习、生活,乃至教育教学的方方面面。体验式活动常用于心理活动课或户外拓展训练,而我作为班主任,发现这类活动在增强班集体凝聚力、解决班级工作所遇到的难点问题上,同样具有显著的教育引导作用。

　　于是,我开始广泛搜集各类活动资源,结合自己的一线教育实践经验和学生实际情况,精心选择活动,设计引导提问。我发现,同一个活动的切入角度不同,教育效果也会截然不同。活用、善用各类活动资源,加强学生的体验,不仅提升了教育效果,也让我的教育能力得到了显著提升。这仿佛为我打开了一扇新大门,让我能够以深受学生喜爱的方式开展班级工作。在接下来的十余年里,我始终坚持在班级中运用体验式活动方式开展教育实践,引领学生成长。我特别感谢虹口区教育局和虹口区教育学院,为我们一线教师提供了如此宝贵的学习机会,让我的班主任工作逐渐形成了自己的特色。

随着对体验式活动的深入了解和实践经验的不断积累,我有幸以体验式活动作为项目特色,通过层层遴选,成为上海市第三期班主任工作室带头人。"纸上得来终觉浅,绝知此事要躬行。"十分感谢上海市教科院德育发展研究院和上海市班主任带头人工作室,极大地开阔了我的眼界,丰富了我的学识。我希望能通过专家指导、同伴互助和实践研究,让德育不再只是空中楼阁式的理论空谈,能厘清建班育人过程中体验式活动的概念,掌握其规律,并注重实践操作体验,在破解班主任的难点重点问题上有所收获并形成特色。

我以"建班育人过程中开展体验式活动的实践研究"为研究方向,带领着来自6个区的12名学员以及我区德育团队的小伙伴们,亲身实践、体验、感受,打磨问题设计,带领学生开展活动。我们通过讲座、公开课展示等方式,将体验式活动的理念和方法与同行交流。每一次围绕体验式活动的团队内部交流,都真正实现了理论与实践的结合,让每一个设计的体验式活动变得更加丰满、更有说服力。特别是在将这些体验式活动系统化、理论化,围绕不同年级的建班育人目标,尝试将其转化为体验式活动课案例的过程中,每一次分享、每一次探讨都加深了我对体验式活动课的理解。同时,随着一次次的探讨交流,我对体验式活动的理解也更加深入。因此,我要感谢这些小伙伴们,他们是上海市世外教育附属虹口区欧阳学校的陈怡怡、上海市民办新复兴初级中学的任玮,上海市民办新北郊初级中学的许成辰,上海市广中学校的鲍澄,上海市鲁迅初级中学的王丹、顾薇、严晓晨,上海市北郊学校的阮桢芳,上海市长宁区开元学校的俞廉清,上海市辽阳中学的谢佩华,杨浦区教师进修学院附属中学的周艳萍,上海建平实验中学的孙伟菁,奉贤区肖塘中学的黄河双,上海市尚文中学的濮凤英(排名不分先后)。

在虹口区教育局、虹口区教育学院以及第三期班主任工作室、虹口区李莹德育团队体验式活动项目组所有小伙伴的支持和鼓励下,我开始尝试将之前碎片化的想法和活动进行梳理和总结提炼。特别感谢上海市科技艺术教育中心的刘华老师在写作过程中给予我的帮助和指导。正是在大家的共同努力下,此书才得以顺利完成。

或许在生活中,我们常常因为害怕而放弃挑战、放弃改变。而体验式活动的理念正是找到某个触发点,让我们和学生内心变得强大,勇于面对挑战。不忘初心、方得始终,走出自己的舒适区,让学生主

动体验,让教师敢于体验,让体验带来思考与成长,这是我愿意去尝
试和努力的动力源泉。再次感谢所有支持和帮助我完成此书的各位
领导和小伙伴们!

2023.12